智慧的父母

李旭影◎编著

北京出版集团
北京工艺美术出版社

图书在版编目（CIP）数据

智慧的父母 / 李旭影编著 . -- 北京 ：北京工艺美
术出版社，2025．7．-- ISBN 978-7-5140-2591-0

Ⅰ．G780-49

中国国家版本馆 CIP 数据核字第 20245SD104 号

出 版 人：夏中南
策划编辑：王 锐
责任编辑：王矜茹 李文瀚
装帧设计：李舒园
责任印制：王雨萱

智慧的父母
ZHIHUI DE FUMU

李旭影 编著

出　　版	北京出版集团 北京工艺美术出版社	
发　　行	北京美联京工图书有限公司	
地　　址	北京市西城区北三环中路6号　京版大厦B座702室	
邮　　编	100120	
电　　话	(010) 58572470（总编室） (010) 58572878（编辑中心） (010) 58572603（出版拓展部） (010) 58572637（发行部）	
经　　销	全国新华书店	
印　　刷	天津海德伟业印务有限公司	
开　　本	640毫米×910毫米　1/16	
印　　张	10	
字　　数	95千字	
版　　次	2025年7月第1版	
印　　次	2025年7月第1次印刷	
定　　价	59.00元	

几乎世界上所有重要的职业，都需要先培训再考核，合格后才能上岗。而父母这一极为重要的"岗位"，从来不需要上岗证。

不少年轻人，仿佛昨天还是在父母膝下承欢的独生子，今天就懵懵懂懂地当了父母。而"扮演"好父母这一角色，则成为他们面临的最具挑战和最为复杂的任务。身为父母，他们的每一个决定、行为和反应，都会对孩子产生深远影响。

家庭是孩子的第一课堂，父母是孩子的第一任老师。养育孩子，不仅仅是父母的一份责任，也是一项技能，更是一门艺术。本书将带领读者深入理解孩子的内心世界，探索他们的需求和潜能，从多个角度，提供一系列实用的教育策略和方法，帮助父母在尊重孩子个性的基础上，引导他们全面发展。

此外，本书也强调了父母自身的成长。我们认为，父母的成长与孩子的成长同样重要。在教育孩子的过程中，父母需要不断地自我反思和更新观念，以适应不断变化的教育环境和挑战。

　　最后，我们希望在这本书的陪伴下，每位父母都能成为孩子成长路上的明灯，照亮他们前行的方向，引导他们走向一个更加美好的未来。

目录

CONTENTS

1

智慧教子的基础

　　教育孩子需要父母满怀爱心，但只有爱还远远不够。有人曾说："爱孩子是母鸡也会做的事，可是，要善于教育他们，这就是国家的一件大事了，这需要智慧、才能和渊博的生活知识。"在教育孩子的过程中，父母若是缺乏对教育的基本理解，有再多具体的方法也是徒劳，因为方法是死的，需要灵活运用。所以，父母在学习教育方法之前，要接受教育智慧的启蒙。

了解孩子的气质

　　了解孩子的气质是智慧育儿的第一步。孩子的气质，决定了孩子如何感知世界、处理问题以及与他人互动。

　　纽约大学医学院精神病学教授斯泰拉·切斯（Stella Chess）和亚历山大·托马斯（Alexander Thomas）通过多年研究，发现孩子可以分为三大气质群：容易型（Easy）、难养型（Difficult）和缓慢启动型（Slow to Warm Up）。

1. 容易型

　　容易型气质群的孩子有以下四个特征。

　　（1）情绪稳定。情绪积极，较多表现出高兴和满足的情绪。

　　（2）适应性强。能够迅速适应新的环境、变化和日常生活中的常规调整。

　　（3）规律性高。如睡眠和饮食较为规律和可预测。

　　（4）对刺激反应轻微。他们对外界的变化和刺激反应较轻，通常不会因为环境变化而表现出强烈的情绪反应。

　　这些孩子对生活中的变化有良好的适应力。例如每天早晨起床后，能够自己愉快地刷牙、吃早餐等，不需要父母再三提醒。无论是早上去学校（幼儿园），还是走亲访友，他们总是表现得愉快且能迅速融入。只要给他们设定一个规律的时间表，就能平稳地开展一天的活动。

对这类孩子，父母应该尽量保持相对稳定的日常习惯，以培养他们的稳定性。在这个基础上，鼓励他们参加多样化的活动，进一步发展他们的适应性和探索精神。

2. 难养型

难养型气质群的孩子有以下四个特征。

（1）情绪反应强烈。他们通常对环境和日常事件的反应非常强烈，表现出明显的情绪波动。

（2）适应性差。对新的环境和变化适应较慢，常常表现出抵触或焦虑的情绪。

（3）不规律。如睡眠和饮食常常不规律且难以预测。

（4）易受刺激。对外界的变化和刺激反应非常敏感，容易因为环境变化而感到不安或不满。

这些孩子对环境变化非常敏感。例如，胆子小，害怕变化，不愿意尝试新事物。面对新的饮食或作息时间，或学校要举行活动、班级要换座位，总是表现出极大的不安和抗拒。为了帮助这类孩子，父母可以提前告诉他即将发生的变化，让他有足够的时间做准备，并在变化发生时给予更多的关注和安慰。家长在平时还可以通过制定日常规划，让孩子感受到更多的安全感和稳定性。

3. 缓慢启动型

缓慢启动型气质群的孩子有以下四个特征。

（1）初始反应迟缓。在面对新的环境和变化时，反应较为迟缓和谨慎，不像难养型孩子那样强烈，但也不会像容易型孩子那样快速适应。

（2）逐渐适应。虽然起初对新的刺激表现得有些拘谨和退缩，但随着时间的推移，他们会逐渐适应新的环境和变化。

（3）温和的情绪反应。情绪反应通常比较温和，不会表现出极端的情绪波动。

（4）中等规律性。生活节律可能不如容易型孩子那样规律，但比难养型孩子更可预测。

这类孩子在面对新的环境或陌生人时，常常表现得非常谨慎和羞怯。但只要给他们足够的时间，他们能逐渐融入新的环境并乐在其中。例如，在去新的游乐场时，他们会先观察一段时间，然后才开始慢慢接触和玩耍。对于这类孩子，父母应避免突然变化。在遇到突然变化时，给予他们足够的时间和支持，帮助他们适应新的环境和变化，并在适应的过程中给予鼓励和支持。同时，也要鼓励他们逐步探索和参与新的活动，但不要强迫他们迅速适应，要让他们按照自己的节奏去接受新事物。

理解孩子的气质类型是智慧育儿的基础。每个孩子都是独特的，他们的气质决定了他们的反应和行为模式。通过深入了解孩子的气质类型，父母可以为孩子们提供更有效的支持和指导。总的来说，对于容易型孩子，可以增加更多的探索和挑战；对于难养型孩子，保持生活状态的稳定并提供更多的支持；对于缓慢启动型孩子，给予更多的时间和鼓励。

值得注意的是，在实际生活中，大多数孩子并不是完全符合某一种气质类型，而是有可能是两三种气质的混合体。这就要求父母仔细观察、深入分析、灵活应对。父母需要仔细观察孩子的行为和反应，深入分析与了解他的气质特点和需求。再根据孩子的气质特点，灵活调整家庭规则和日常安排。

制定合理的家庭规则

　　合理的家庭规则，有利于孩子成长与家庭和谐。首先，合理的家庭规则为孩子提供安全感，能使他们在稳定和可预测的环境中感到安心。其次，规则可以培养孩子的责任感，帮助他们积极履行自己的义务。规则还能促进良好行为习惯的养成，如准时完成作业和保持卫生。共同遵守规则也可以增强家庭凝聚力，使成员间的沟通与合作更加顺畅。此外，家庭规则可以培养孩子的规则意识，为他们未来适应社会规则做好准备。当家庭内部发生冲突时，规则也为解决问题提供了依据，避免矛盾升级。通过遵守规则，孩子们学会自律，为未来的成功奠定基础。家长应重视规则的制定与执行，为孩子营造一个有序、安全、充满爱的成长环境。

　　规则的力量在于明确和一致。明确且一致的规则能帮助孩子理解行为边界，促进他们在有序环境中的成长。一套科学的家庭规则体系有助于培养孩子的自律、自信和责任感。

　　科学的家庭规则应该明确、合理且一致。父母要根据孩子的年龄、个性和家庭的实际情况来制定这些规则。制定家庭规则有如下3个关键点。

（1）简明扼要。规则要简单明了，要确保孩子能理解和记忆。

（2）适龄性。规则要根据孩子的年龄和发展阶段进行相应调整。

（3）一致性。所有家庭成员应该一致地遵守和执行这些规定。

有些孩子在家中行为无度，根源在于没有一个清晰、明确的家庭规范，孩子不知道父母的具体期望，也就无从遵守所谓的"规则"。父母需要通过正式的方式，将明确、合理的规则告知孩子，确保孩子理解每一条规则的内容和重要性。

之后，家长需要监督跟进，在日常生活中及时提醒孩子遵守规则。对遵守规则的行为给予肯定和奖励，对违反规则的孩子采取适当的惩罚。

乐乐是一个非常活泼的5岁小女孩，她总是喜欢在吃饭时离开座位去玩耍，玩一会儿又回来吃几口。她的父母特意制定一条规则：吃饭时必须坐在餐桌旁，直到吃完后才可以离开座位。他们用简单的语言解释了这条规则，并说明了违反的后果——晚饭后不能看动画片。在接下来的几周里，他们始终如一地监督乐乐的行为，提醒她遵守规则。当乐乐做到了，她能得到父母的表扬和额外的讲故事时间。几次之后，乐乐逐渐养成了安静吃饭的好习惯。

以上例子展示了规则执行的重要性。通过明确的规则和一致的

监督，孩子能够逐步养成良好的行为习惯。需要注意的是，家庭规则不应过于严格或宽松，父母要在规则和自由之间找到平衡点，以此促进孩子的独立性和自律性。此外，家规不必事无巨细，都规定得死死的，抓住重要的以及当下需要解决的几个问题就好了。

创建和谐的家庭气氛

民主和谐的家庭氛围是现代文明家庭的重要特征。然而，许多家长依旧坚持传统的威权式教育模式，家长"一言堂"，不给孩子表达意见的机会。

当孩子的意见得不到尊重，可能会导致他们在成长过程中产生依赖心理，难以自主自立。而在青春期，他们则可能会对父母的过度管制产生反感和叛逆情绪，家长让他们做什么，他们偏要对着干，纯粹为了反抗而反抗。

悠悠从会说话起，就喜欢问"为什么"。她不停地提问，父母也耐心地回答，并与她一同探索世界的奥妙。悠悠上学后，也喜欢向老师提问。

一次，悠悠从学校回来，一进门就兴奋地对正在看报纸的妈妈讲述自己的成绩。她在模拟考试中发挥出色，数学单科取得了全年级第一名的好成绩。妈妈拍了拍她的肩膀说："好样的，不愧是我的女儿。"

悠悠激动地继续讲述班里的情况以及其他同学的成绩。看着女儿喋喋不休、眉飞色舞的样子，妈妈不愿打断她的讲话，心想让她高兴也好，毕竟这是她第一次取得这么好的成绩。于是，妈妈配合着女儿的情绪，分享着她的快乐。第二天，妈妈才提醒悠悠不要太得意，因为中考即将来临。

悠悠的父母是开明的，他们在教育孩子的问题上总是"放手"，从而营造了一个民主和谐的家庭氛围，这对悠悠的健康成长大有裨益。

然而，也有不少孩子的父母经常一意孤行，听不见孩子的意见，看不到孩子的优点，总是夸别人家的孩子好。还有孩子形容父母如同"甩不掉的拐杖"或是"刑警队的警察"。

如何在家庭中创建民主和谐的氛围？

1. 鼓励表达

让每个家庭成员都有机会表达自己的想法和感受。尊重并认真倾听他们的观点，避免打断或批评。

2. 共同决策

在涉及全家人的重大决策时，如度假计划、家庭预算等，征求每个成员的意见并共同决定。

3. 尊重个人空间和隐私

尊重每个家庭成员的个人空间和隐私，不随意翻阅他人的物品或干涉他人的私人事务。理解并尊重每个人需要独立的时间和空间，避免过度干涉。

4. 建立信任和支持

鼓励家庭成员追求个人目标和兴趣，提供支持和帮助，让他们感受到家庭的力量和温暖。

5. 创造愉快的家庭时光

安排全家一起参与的活动，如家庭游戏、郊游、运动等，增进感情和理解；共同庆祝每个家庭成员的重要时刻，如生日和获得某项成就的日子，增强家庭的凝聚力。

通过这些方法，可以有效地创建一个民主和谐的家庭氛围，使每个家庭成员都感到被尊重、被支持和被关爱，从而共同营造一个温馨快乐的家庭环境。

2

从小培养孩子
四个好习惯

　　智慧的父母都知道：只要培养孩子养成了好习惯，家庭教育就成功了一大半。反之，孩子如果有一堆坏习惯，家庭教育就会倍加艰难。所以叶圣陶先生说："什么是教育？简单一句话，就是养成良好的习惯。"习惯养得好，终身受其福，习惯养不好，则终身受其害。幼儿时期是人生的起步阶段，也是各种行为习惯的养成阶段，会为以后的发展奠定基础。俗话说"三岁看大，七岁看老"，古人这一蕴含哲理的论断早已被实践和历史验证。因此，幼儿时期的习惯培养，决定了孩子的未来。

培养良好的生活习惯

不少家长发现，孩子长大后不会照顾自己，不会独自穿衣、扣扣子、系鞋带，更不会做家务，比如叠被子、打扫房间、收拾玩具等。家长常认为这是孩子懒惰和自理能力弱的表现，然而问题的根源往往在于家长错误的教育理念和方法。

很多家长认为孩子不能输在起跑线上，在孩子上幼儿园前给他们报各种早教班，步入小学后又一味要求取得好成绩，忽略了生活好习惯的培养。结果是，生活习惯不好的孩子在学习上也常常表现出懒散和不愿动脑的现象。在学习上遇到问题时，这些孩子往往选择逃避，不愿意独立思考和解决问题，导致学习效率低下，需要家长的监督和指导。

因此，幼儿生活习惯的培养不仅是生活自理能力的培养，也与孩子的学习习惯密切相关。家长应该从小开始培养孩子的生活自理能力，让孩子独立完成一些力所能及的事情。通过示范和指导，逐步提高孩子的自理能力和动手能力。

培养孩子的生活自理习惯，提高孩子的自主自立能力，不要因为追求成绩或溺爱而对孩子的一切事情包办代替。给予孩子自由发挥的空间，鼓励他们去探索，发挥聪明才智，让他们逐渐学会独立解决问题。良好的生活习惯培养好了，使这些习惯延伸到学习中，才能有助于孩子在上学之后独立完成作业和按时完成学习任务。学生学习成绩的差异，从根本上来说，是一种习惯的差异。

良好的生活习惯包括饮食习惯、卫生习惯、起居习惯等与个人生活有关的行为习惯。培养孩子良好的生活习惯要以孩子能照顾自己为基础。那么，如何具体培养幼儿良好的生活习惯呢？

首先，要从小处做起。从细节入手，用正确的教育理念和方法引导孩子，不溺爱、不包办代劳，让孩子养成良好的生活自理习惯。许多家长力图包办孩子的一切生活事务，为孩子制订严密的学

习生活计划，希望教育出好孩子，但往往事与愿违。这与家长的教育理念和方式不当有关。他们认为承包孩子的一切生活事务是为孩子好，实际上却剥夺了孩子自主能力的发展机会。

其次，要言传身教，给孩子树立榜样。要求孩子做到的事情，家长首先要做到。因为幼儿的模仿能力强，父母的言谈举止对孩子的成长有着潜移默化的影响。父母是孩子的一面镜子，一言一行和一举一动都会被孩子看在眼里、记在心里。父母要重视耳濡目染的作用，正确引导，循序渐进，随时给予孩子榜样的力量。

总之，培养孩子良好的生活习惯是家长的责任，贵在坚持。相信通过耐心的教育和引导，孩子会在实践的磨炼中成长为独立自主、勤于思考、勇于探索的优秀个体。

培养孩子的劳动习惯

热爱劳动是中华民族几千年来传承下来的传统美德。培养孩子的劳动习惯不仅是传承这一美德，更是培养孩子责任感、自主能力的重要途径。

首先，要帮助孩子树立劳动观念，懂得劳动最光荣。劳动观念和习惯需要长期培养，从小就要让孩子养成参与劳动的习惯，让他们深刻体会到通过劳动会带来相应的收获，从而树立起勤劳与回报成正比的观念。

因为受应试教育的影响，一些家长对劳动教育的重要性认识不足，出现了重智育、轻劳动教育的现象，导致劳动教育边缘化甚至被摒弃。孩子的劳动机会减少，劳动意识缺乏，出现轻视劳动、不会劳动、逃避劳动、不珍惜劳动成果的现象。有些家长由于过度娇惯或只重视学习成绩，把孩子的所有事情都包办代劳，逐渐使孩子养成松散、懒惰的习惯。

要培养孩子的劳动观念和劳动习惯，可从以下几方面入手。

1. 让孩子尽量自理

自理是培养幼儿劳动习惯的基础。孩子到五六岁时，日常生活应该自理。在此之前，家长应鼓励孩子自己穿衣、扣扣子、系鞋带等，逐步培养孩子独立生活的能力。

2. 让孩子勤做家务

做家务是培养孩子劳动习惯的重要方式。除了日常生活中的自理，家长还可以让孩子参与一些力所能及的家务，如打扫卫生、浇花、喂养宠物等。这不仅能使孩子增长知识，提高独立生活的能力，还能培养他们的责任感，磨炼他们的意志。参与家务劳动的孩子更能体谅父母的不易，懂得感恩和珍惜劳动成果。

3. 带孩子参加公益劳动

家长可以多带孩子参加公益劳动，如社区组织的灭蚊蝇、扫雪等活动，鼓励孩子关爱孤寡老人、烈士家属等。学校开设的劳动课也是培养孩子劳动习惯的重要途径。参加这些活动有助于培养孩子的社会责任感和奉献精神。

4. 对孩子及时鼓励

对孩子的劳动要及时肯定和表扬。人都有希望获得别人肯定的心理诉求，对孩子的劳动给予鼓励和认可，有利于培养他们的劳动习惯和责任感。不要用金钱作为劳动的交换条件，也不要将劳动作为惩罚手段，以免孩子对劳动产生抵触心理。

总之，孩子的生活自理能力和劳动习惯不是一朝一夕养成的，家长需要从小开始培养，使习惯成自然，从而取得良好的效果。通过劳动教育，孩子不仅能学会独立生活，更能懂得劳动的价值，形成健康的生活态度和积极的人生态度。

学习好源于学习习惯好

　　成绩优异的学生，并不都是智商高的人，而是那些具备良好学习习惯的人。以下是一些成绩优异者常见的良好学习习惯及其培养方法。

1. 独立钻研、求真务实的习惯

　　学习最忌讳一知半解、浅尝辄止。要想学习好，必须养成独立钻研、求真务实的习惯。

　　作为家长，要鼓励孩子刨根究底。在日常生活中，孩子对许多事物总是刨根究底，这是好奇、求知的表现，家长应积极回应并和孩子一起探寻答案，帮助他们解决问题。

　　引导孩子在学习过程中多思考。家长可以每天引导孩子在学习后提出一两个问题，多动脑筋思考，找出合理的答案。

　　鼓励孩子一题多解。老师布置的作业常常不止一种解法，家长可以引导孩子多想几种解法，甚至记录在小本子上。

2. 善于请教的习惯

　　善于请教是一种重要的学习习惯，前提是善于思考并提出问题。家长应引导孩子随时记录学习中遇到的问题，以便向老师或同学请教。提问应有质量，自己能解决的问题尽量自己解决，有些疑难问题可以带着自己的思考去请教，以提高收获。

3. 理论与实践相结合的习惯

教育应注重理论与实践相结合的原则。社会实践是孩子养成习惯的重要组成部分。通过有目的地创设情景，让孩子多参加社会实践活动，能加深其对生活和社会的了解。比如家长带孩子去试验田里实地考察，让孩子学习农业知识，同时体会劳动的辛苦。这样的教育方式能够培养孩子的责任感，并激发他们对劳动的热爱和

尊重。

4. 认真观察、积极思考的习惯

观察对认识事物有重要作用，也是获取知识的重要途径。要让孩子学会观察，逐步培养观察意识，养成良好的观察习惯。

人类历史上的成功人物大都具备优秀的观察力。牛顿观察苹果落地发现了万有引力定律，伽利略观察吊灯发现了摆的定时定律，瓦特观察水开后的壶盖发明了蒸汽机。在这一过程中家长要引导孩子明确观察目的。观察什么，为什么观察，明确的目的能集中注意力，效果更好。孔子说："学而不思则罔，思而不学则殆。"所以，观察过程中要善于提出问题、思考问题、回答问题。

培养孩子良好的学习习惯不仅仅是为了提高他们的学业成绩，更是为了帮助他们在未来的人生道路上具备自主学习和解决问题的能力。通过独立钻研、善于请教、理论与实践相结合，以及认真观察和积极思考的习惯培养，孩子们不仅能在学业上取得优异成绩，还能在各个方面受益终身。

阅读习惯能够受益终身

俗话说"授人以鱼，不如授人以渔"，阅读就是家长教给孩子"捕鱼技巧"。阅读是孩子一生的财富，养成阅读的习惯后，孩子就能自主地吸收知识，无须家长、老师生硬地灌输。

书中有大千世界、万般变化，能提升孩子的想象力，使孩子分

析问题、解决问题的思路广且深入，从而在各科学习中能够取得优异成绩。读好书还可以陶冶情操、立德铸魂，帮助孩子树立起健康的世界观、人生观、价值观，会让孩子终身受益。

阅读对孩子学习的影响具体体现如下：

（1）提高理解能力。广泛阅读，可以让孩子的理解能力得到明显提高，在课堂上能够理解更深奥的内容。

（2）提高考试成绩。阅读能力强的孩子，审题准确，错题率低，考试成绩优异。

（3）增加学习兴趣。阅读能让孩子爱上学习。

那么，如何培养孩子良好的阅读习惯？

1. 亲子共读

亲子共读是家庭开展儿童早期阅读的基本方式。有效的亲子共读有利于建立良好的亲子关系，帮助孩子塑造良好的人格。

0~3岁低龄宝宝可以读绘本，3~6岁的孩子按绘本上的文字逐字逐句地讲。家长在读书时可以不拘泥于书本的文字，用通俗易懂的口语表达，辅助以声情并茂、抑扬顿挫的声调和夸张的表情。

在亲子共读中，可以训练孩子记住汉字，掌握基本的字理知识，总结识字的经验。

家长、孩子可以扮演不同角色，一起玩情景表演，在游戏过程中理解阅读内容和精髓。例如，家长和孩子一起阅读《白雪公主》，各自扮演角色进行对话。

家长还可以跟孩子一起给故事编续集，激发孩子想象力，同时锻炼语言表达能力。

2. 选择适合孩子的图书

选择与孩子年龄相适应且令孩子感兴趣的书籍。给低龄孩子要选择图文并茂的绘本，然后再逐步转向以文字为主的图书。孩子养成阅读习惯后，再扩大选书范围，如天文、地理、自然科学等。选书要注意内容，阅读好的书籍能塑造良好的性格和正确的人生观、价值观。

3. 掌握基本的阅读方法

当孩子能独立自主阅读时，他们需要掌握一些基本的阅读方法，以促进良好阅读习惯的形成，提高阅读能力。阅读和精读相结合，既要质也要量。具体来说有三个要点：海量阅读、每天坚持、带着问题去读。

3

有效的沟通技巧

　　亲子沟通如同一座无形的桥梁，连接着父母与孩子的心灵，承载着爱、理解与成长的重量。然而，这座桥梁并非天然稳固畅通，它需要我们用心去建造，用智慧去维护。有效的亲子沟通，不仅能够加深家庭成员之间的情感，还能促进孩子的身心健康，帮助他们塑造积极的人生观与价值观。

运用共情回应

共情回应是一种通过理解和回应他人的情感和需求，来建立深厚情感联系的沟通方式。对于孩子来说，共情回应能让他们感受到被理解和被接纳，从而增强他们的情感安全感和自尊心。共情回应能帮助孩子增强情感智力，使他们在面对情感困扰时能够更好地处理和应对。情感智力高的孩子更容易形成健康的自我概念和良好的人际关系，在未来的生活中更加自信和成功。

此外，通过共情回应，父母与孩子之间可以建立更深厚的情感联系，增强彼此的理解和信任，从而促进亲子关系的稳定与和谐。

1. 共情回应的原则

（1）真诚和尊重。共情回应需要真诚和尊重，父母应该以真诚的态度面对孩子的情感和需求，尊重他们的感受和观点。真诚和尊重能让孩子感受到被重视和被接纳，增强他们的自尊心和自信心。

（2）适时和适度。共情回应要适时和适度，父母应该根据孩子的具体情况和情感需求，给予适当的回应。过度的共情回应可能导致孩子过于依赖父母，而不足的共情回应则可能让孩子感到孤独和被忽视。

2. 共情回应的具体方法

（1）反映情感。反映情感是共情回应的基本方法之一，父母可以通过语言反映孩子的情感，帮助他们更好地理解和表达自己的情绪。例如，当孩子感到沮丧时，父母可以说："我看到你现在很沮丧，因为你在学校遇到了一些困难，是吗？"这种反映情感的方式能让孩子感受到被理解，同时也能引导他们进一步表达自己的感受。

（2）提供支持和帮助。在共情回应中，父母应根据孩子的具体情况，提供适当的支持和帮助。例如，当孩子因为学习压力感到焦虑时，父母可以说："我知道你现在很有压力，我能理解。我们可以一起想办法，看看怎么能减轻你的负担，好吗？"这种支持和帮助不仅能缓解孩子的情绪，还能增强他们的应对能力和解决问题的信心。

3. 共情回应在不同情境中的应用

（1）处理负面情绪。孩子在成长过程中难免会遇到各种负面情绪，如愤怒、沮丧、焦虑等。父母在处理孩子的负面情绪时，应通过共情回应来表达理解和支持，帮助孩子正确认识和管理自己的情绪。例如，当孩子因为与朋友发生矛盾而感到愤怒时，父母可以说："我看到你现在很生气，因为你的朋友做了一些让你不开心的事情。我能理解这种感觉。你愿意和我说说具体发生了什么吗？"

这种共情回应能让孩子感受到被理解，同时也能引导他们更理性地面对和处理情绪问题。

（2）鼓励积极行为。共情回应不仅适用于处理负面情绪，还可以用于鼓励孩子的积极行为和努力。例如，当孩子在学习中表现出坚持不懈的精神时，父母可以通过共情回应来表扬和鼓励他们。例如，当孩子完成了一项艰难的任务时，父母可以说："我看到你在这次任务中付出了很多努力，即使遇到困难也没有放弃。如今你获得了成功，我也为你感到开心。"这种共情回应不仅能增强孩子的自信心，还能激励他们继续努力，追求更高的目标。

（3）面对失败和挫折。失败和挫折是孩子成长过程中不可避免的一部分，父母在面对孩子的失败和挫折时，可以通过共情回应来表达理解和支持，帮助孩子从中吸取教训，继续前行。例如，当孩子在考试中成绩不理想时，父母可以说："我知道你对这次考试的成绩感到很失望，我能理解你的心情。失败并不意味着你不行，而是一次学习和成长的机会。我们一起来看看哪里可以改进，好吗？"这种共情回应，能让孩子感受到被父母所理解，同时也能引导他们以积极的态度面对失败和挫折。

真诚地赞赏孩子

表扬是一种很好的教育方法，但它需要技巧。如果父母不分场合、不分情况地表扬孩子，往往会让孩子感到困惑，甚至产生反感，认为父母太"虚伪"。

一位母亲曾这样描述她对孩子的表扬方式："前些天，我参加了一场家庭教育的讲座，第一次了解了'赏识教育'的概念，于是决定改变以前对女儿严厉的做法，改用赏识教育。在家里，女儿每做一件事，无论做得如何，我都说，'女儿，你太好了！''女儿，你太棒了''女儿，你真了不起！'晚上，女儿一脸茫然地看着我，还摸了摸我的额头，关切地问，'妈妈，你没发烧吧？'我开始怀疑自己是否做错了，难道赏识教育不适合我们吗？"

另一位父亲则有不同的经历："从女儿第一次自己拿筷子吃饭、第一次自己穿衣服、第一次会背诵儿歌，到现在，我已经记不清对女儿说过多少次'你真棒''太聪明了''多乖'等类似的表扬话语。当时看来，这些表扬挺管用，不论在学校、家里还是外出，女儿在人们眼里都是一个'乖乖女'。然而，最近我却为女儿太乖感到担忧：她从不主动和别人说话，一见陌生人就显得不安，也不像其他孩子对新事物充满好奇。原本活泼好动的女儿，似乎不知从何时起变得沉默了。最终，我只好去咨询心理专家。专家告诉我，问题出在我对女儿的表扬方式上。表扬并不是简单地给孩子贴上'聪明''乖巧'等标签。过于笼统的表扬会让孩子无法理解真正让她赢得表扬的行为是什么。久而久之，孩子可能为了继续获得表扬而一味听从大人，不敢发表个人意见，也不敢尝试新事物。"

从这些案例中可以看出，父母表扬孩子必须发自内心，真诚而具体。只有这样，表扬才会起到积极的效果。

父母发自内心的表扬，可以拉近与孩子的心灵距离，使他们成为真正的朋友。这不仅吸引孩子向父母靠拢，还让他们更愿意聆听父母的教诲，接受父母的建议。在这个过程中，父母通过潜移默化的方式，积极影响孩子的生活和成长。

要想让表扬达到真诚且恰如其分的效果，父母应注意以下几点。

首先，表扬要事出有因，具体而实在。泛泛的表扬往往无法触动孩子，只有具体的表扬才能让孩子明确哪些行为是值得赞扬的。许多父母在表扬孩子时常用"你真棒"一句带过，但对于一些年龄较小的孩子，父母应特别强调他们令人满意的具体行为。表扬得越具体，孩子就越能清晰地认识到哪些行为是值得赞扬的。

此外，表扬要因人而异。对年龄不同的孩子应采用不同的表扬方式。对学龄前的孩子可以多用表扬，而对入学后的孩子则不必事事表扬，要更有分寸；对胆小怕事的孩子应多加表扬，增强其勇气和信心；对能力强的孩子则要慎用表扬。要让孩子知道并不是每件事都需要表扬，以此来培养孩子朴实谦虚的作风。

总之，表扬是一种有效的教育方法，但需要父母掌握好技巧，发自内心、真诚具体地表扬孩子，才能达到最佳效果。

有些问题要私下说

家长当众教育孩子是一种很常见的现象。很多人认为，当众教育孩子会刺激他们的自尊心，在公众的关注下，孩子会更加注意树立自己"听话、懂事、乖巧"的形象。因此，许多父母认为人越多的时候越是教育孩子的好时机。然而，事实未必如此。如果父母把握不好教育的尺度和方法，反而会促使孩子产生"破罐子破摔"或与父母对立的心理，对孩子的身心健康极为不利。

张女士在放学时间来接14岁的儿子小杰。看到儿子和同学有说有笑地走出校门，张女士立即板着脸走上前："笑什么笑！这次月考又是班里倒数，还有心思在这儿嘻嘻哈哈！看看人家李阿姨的孩子，每次都是班里前三名，你就不能学学人家？"

小杰的同学们都尴尬地低下头，快速离开了。这样的场景并非第一次发生，每次母亲来接他，总会找到机会当着同学的面数落他。渐渐地，小杰开始编造各种理由拒绝母亲来接，后来甚至开始逃课，成绩更是一落千丈。当张女士意识到问题的严重性时，她和儿子的关系已经产生了难以弥补的裂痕。

英国哲学家洛克曾说："父母不宣扬子女的过错，则子女对自己的名誉就愈看重。他们觉得自己是有名誉的人，因而更会小心地维护别人对自己的好评。若是当众宣布他们的过失，使其无地自容，他们愈是觉得自己的名誉已经受到了打击，设法维护别人好评的心理也就愈淡薄。"由此可见，当着别人的面批评教育子女的方法是不足取的。如果孩子一有过失，父母就公开宣扬，让孩子当众出丑，其结果只会加深他们的自卑感和逆反心理。

在玩具专柜、甜品店、游乐场里，经常可以看到孩子号啕大哭，而一旁的父母则叉腰怒目，一边呵斥一边指责："你看看，这么多人看着你哭，你好意思吗？""你看那边有个和你一样大的小孩，人家都不哭不闹，多听妈妈的话，你看看你们差距有多大。"家长们认为在外人面前教育孩子可以借助自尊心让他们纠正错误举止，虽然出发点是好的，但效果往往适得其反。

聪明的父母很少当众批评孩子，但他们也难以忍受孩子当众哭闹带来的尴尬。为避免这种情况，他们平时有意培养孩子在公共场所的自我控制能力。事先预防是关键，外出前先告诉孩子此次外出的目的，让孩子对将会发生什么事有一个心理预期；出门前先跟孩子说好规则，确保孩子理解并能遵守。当孩子的行为举止出现错误时，应耐心地提醒和纠正，而非当众批评。

那么，面对孩子的缺点，父母应如何在保护隐私的前提下进行教育呢？首先，以平常心看待孩子的缺点。其次，私下指出孩子的缺点。最后，指出缺点时语气要平和。

其实，孩子比成人更爱面子。他们对赞扬极为敏感，甚至在很小的时候就表现出来。他们觉得被别人，尤其是被父母赏识并当众夸奖，是一种莫大的快乐。因此，当提到自己的孩子时，父母应怀着赏识和尊重的心态去谈论他们。通过这种方式，不仅可以保护孩子的自尊心，还能激发他们不断进步的动力。

莫把恐吓当批评

孩子犯了错误，尤其是当表现出不良的行为习惯或思想道德问题时，给予适当的提醒和警告以帮助孩子明辨是非是非常必要的。然而，父母绝不能把恐吓当作批评。一些父母感到无奈，因为他们没有足够的耐心指导孩子，当批评无效时，往往采取"最便捷"的恐吓手段；并且，他们会认为只有采取"狠"的手段，孩子才会服从。

有位专家说过，"没有批评的教育是不完整的教育，是脆弱的教育。"但父母也应认识到，批评是一把双刃剑，一不小心就会伤害孩子。

很多人认为，批评孩子时必须声色俱厉，才能显得威严有力。然而，这种方式往往达不到预期效果，有时甚至适得其反。虽然"良药苦口"，但"甜口"未必就不是良药。父母在批评孩子时，可以适当包装自己的语言，使批评如春风化雨、润物无声。

教育的核心是唤醒。父母批评孩子的目的是唤醒孩子的自尊、自信、自爱及自强与自制，要唤醒孩子的人格心灵和自我意识，变教育孩子为孩子自我教育。否则，批评就不会起到应有的作用。

作家何立伟曾描述过这样一件事。

有一次，儿子告诉我他下午不上课。我说那正好，可以看看课外书什么的。他说已经和同学约好了，去溜旱冰！我有些生气，但依然不动声色。我让儿子坐下来，好好谈谈。我问："儿子，你的成绩好不好?"他沉默了一会儿，嗫嚅地答道："不太好。"我说："如果一个学生的学习成绩不佳，他是否有资格如此放纵自己去玩

耍呢?"他愣愣地望着我,不作声。我接着说:"老爸认为这个世界上有三种学生,一种是会学不会玩的,一种是会玩不会学的,还有一种就是又会学又会玩的——你属于哪一种呢?"儿子不好意思地说:"中间的那一种。"我说:"对,你现在就是会玩不会学,这导致了你的学习有所偏颇,所以要加强学习。这样你就会成为第三种学生,也就是老爸最欣赏的人——又会学又会玩。"儿子大约觉得我说得有道理,于是搔了搔脑壳,说:"老爸,我下午还去不去溜旱冰?"我说:"当然去,你都和同学约好了。你只要记住一条,做第三种学生。"儿子又快活又响亮地说:"OK,老爸!"

何立伟的批评既让孩子知道了自己的不足,又为他指明了改进的方法,效果显著。

批评孩子是有技巧的,主要体现在以下几个方面。

1. 就事论事

孩子都会犯错,有些父母喜欢翻旧账,把孩子的种种"恶行"全数落一遍,越说越气,越气越说得多。其实,孩子在生活中犯错是正常的,因为他们是在不断改正错误的过程中成长的。父母应就事论事,避免过多联想,以免让孩子觉得你唠叨,影响教育效果。

2. 趁热打铁

孩子时间观念差,天性好玩,注意力易分散,刚犯的错误转眼就忘了。因此，批评要及时，不能拖拉，否则起不到教育作用。

3. 低声有力

批评孩子时，用低于平常的声音，"低而有力"的声音能引起孩子注意，使其倾听。低声的"冷处理"往往比大声训斥效果更好。

4. 换位思考

孩子惹麻烦时，常会推卸责任。此时，父母可以让孩子换位思考。这种方法能促使孩子发现自己的过错，并反省自己。

5. 声东击西

著名教育家魏书生谈到，他对犯错学生的惩罚有三种：唱歌、做好事、写"说明书"。唱歌陶冶情操，做好事促进行动，写"说明书"练习文字。这样的处罚方法独辟蹊径，不但可以达到教育效果，还能让孩子在无形中获得成长。

总之，批评孩子需要技巧，父母应避免恐吓，用合适的方法和态度引导孩子，使批评成为他们成长中的正向力量。

注意非语言的运用

　　在与孩子建立牢固而和谐的亲子关系的过程中，沟通是至关重要的桥梁。然而，单靠语言表达往往难以完全触及孩子的内心。非语言因素这扇沟通的"隐秘之门"，可以打开心灵的窗口，让我们更深入地理解孩子，并建立更亲密的关系。

　　非语言沟通包括面部表情、肢体动作、眼神交流、语气语调、空间距离等多种形式。这些看似微不足道的细节，却蕴含着丰富的情感信息。当我们与孩子面对面交流时，他们或许能听到我们的话语，但他们的注意力同时也集中在我们传递出的非语言信息上。

1. 面部表情：情绪的晴雨表

　　微笑、皱眉、惊讶、愤怒，这些表情能够直观地表达我们的喜怒哀乐。当我们对孩子露出真诚的微笑时，他们会感受到我们的爱意和支持；当我们面带怒色时，他们会感受到我们的不满和焦虑。因此，在与孩子沟通时，保持积极、友善的面部表情至关重要，因为它能营造轻松愉快的氛围，让孩子感到安全和舒适。

2. 肢体动作：感情的无声语言

　　拥抱、抚摸、牵手，这些亲密的肢体接触能够传递温暖和安全感。当我们拥抱孩子时，他们会感受到我们的爱和呵护；当我们抚摸孩子的头发时，他们会感受到我们的关爱和理解。而反之，当我们对孩子表现出冷漠和疏远的态度时，他们会感受到我们的忽视和排斥。

3. 眼神交流：透视心灵的窗户

当我们注视着孩子的眼睛时，他们会感受到我们的专注和重视。眼神交流能够传递情感、建立信任，让孩子感受到我们对他们的关注和爱。相反，如果我们经常回避孩子的眼神，他们会感到不被重视，甚至是冷落。

4. 语气语调：情感的音符

温柔、耐心、鼓励的语气语调能够让孩子感到舒适和安心。当我们用温和的语气与孩子交谈时，他们会更容易理解我们的意思，并积极地回应我们。反之，如果我们用严厉、批评的语气与孩子交流，他们可能会感到害怕、自卑，甚至产生逆反心理。

5. 空间距离：心理的边界

在与孩子沟通时，我们应保持适当的空间距离，避免过于靠近或过于疏远。当我们与孩子保持适宜的距离时，他们会感到轻松和自然；当我们与孩子过于靠近时，他们可能会感到压抑和不安；当我们与孩子过于疏远时，他们可能会感到不被关注和被冷落。

在与孩子沟通的过程中，非语言表达方式扮演着至关重要的角色。它们超越了言语的局限，直击心灵，构建着亲子间深厚的情感纽带。笑容、眼神、肢体接触和沉默，这些非语言的魔法，让我们在忙碌的生活中，也能找到与孩子心灵深处对话的通道。用心感受，用爱传递，共同编织一段段温馨美好的亲子时光。

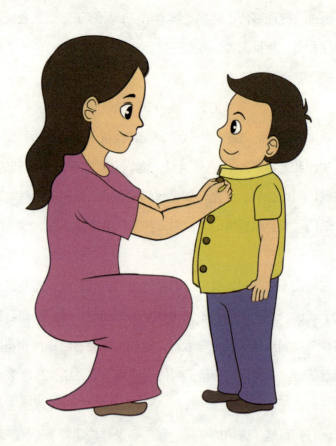

会说还要会听

有效的沟通不仅是信息的交流，更是信任和理解的桥梁。沟通应该是双向的，也就是说，不仅自己要说，还要让孩子说。家长要多听孩子的想法，才能更好地支持和引导孩子。

倾听是理解的起点，也是维护关系的纽带。通过倾听，父母不仅可以洞悉孩子的内心世界，还能建立更加牢固的亲子关系。想象一下，当你情绪低落时，如果能在朋友或亲人面前倾诉心声，会不会感到轻松许多？特别是当孩子伤心、沮丧时，父母的倾听与安慰会让孩子感受到关心与理解，亲子关系也因此更加亲密。要做到有效倾听，父母需要注意以下几点。

（1）全身心投入。当孩子在跟你说话时，你要放下手中的事情，专注地听着。

（2）保持开放的态度。即使孩子的观点与你不一致，或者他们在表达时情绪比较激动，父母也应保持开放的态度，不要动辄剥夺孩子的话语权。

（3）反映和确认。通过重复或总结孩子的话，确认你理解了他的意思。

（4）询问和引导。用提问引导孩子进一步表达他们的想法和感受，例如，"你对这件事情有什么看法"或"你觉得接下来该怎么办"。

除了倾听，父母也需要清晰表达自己的意见和想法。要做到清晰，可以从以下几点入手。

（1）简洁明了。使用简单明了的话语，让孩子一听就懂。

（2）具体实际。提供具体的建议和反馈，而不是笼统和模糊的评论。例如，与其说"你需要努力学习"，不如说"每天晚上花30分钟复习今天的课程会有很大帮助"。

（3）分享感受。父母可以分享自己的感受，这样可以让孩子更好地理解你的观点和立场。例如，"看到你着急的样子，我也很着急，不过我们应该还是有办法解决这个问题，比如……"

（4）鼓励对话，在表达自己的观点后，鼓励孩子分享他的看法和意见，这不仅增强了亲子沟通，还让孩子感到他的意见被重视。例如，"你还有什么需要补充的吗？"

父母的支持和肯定，可以增强孩子的自信和安全感，让他们在面对挑战时感到有依靠。想象有两个孩子，小明和小敏，他们因最近的数学考试成绩不佳而感到沮丧。小明的父亲看到试卷后大发雷霆，各种责骂劈头盖脸，小明吓得眼泪汪汪。而小敏的爸爸没有责备她，而是坐下来和她一起分析错题，找出问题所在，然后制订了一个改进计划，并鼓励她不要怕，一步步来。最后，哪个孩子的数学会更好？很可能是小敏。她不仅会在数学方面进步明显，而且与家人的关系也更为和谐。

4

培养孩子的独立性

在生命的原野上，每一个孩子都是一颗等待萌发的种子，拥有着无限的潜力与梦想。而独立性，就如同阳光与雨露，是滋养这颗种子成长的必需品。它不仅关乎孩子能否在未来独自面对生活的挑战，更深刻地影响着他们自信心、责任心与自我价值的形成。因此，培养孩子的独立性，是智慧父母赋予孩子最宝贵的礼物之一。

让孩子从心理上"断奶"

在孩子的成长旅程中有一个重要的里程碑，那就是从心理上"断奶"。

只有让孩子从心理上"断奶"，他才能学会独立思考、自我决策和承担责任。这是一个充满挑战的过程，不仅考验着孩子自身的适应能力，也检验着父母的智慧与耐心。

现在不少孩子是独生子女，从小到大，父母事事都替他们考虑周全。长期下来，这些孩子就会养成很强的依赖心理。尽管他们的身体在成长，心理却一直未能独立，潜意识里依然觉得自己是需要呵护的小孩子。

从医学角度看，孩子在成长过程中有两个"断奶"时期：生理断奶期和心理断奶期。生理断奶期在孩子一周岁左右，心理断奶期则一般出现在青春期。然而，有些父母并不重视培养孩子的独立意识，甚至不允许他们有独立的思想。这样一来，孩子一直处在父母的庇护下，心理上难以独立。这类孩子在面对社会时，往往适应能力较差，承受挫折和应对压力的能力都很弱。稍有不如意，就可能对自己和生活失去信心，甚至出现自暴自弃、怨天尤人的情绪。如果长期遭受挫折和压力，而又无法自我调节，可能会产生抑郁、烦躁、焦虑等心理问题。

如何引导孩子成为情感丰富、心智成熟的个体呢？

1. 设立目标与责任

鼓励孩子设定短期和长期的目标，并为实现这些目标承担相应的责任。例如，可以是学习上的目标，如提高某一科的成绩，也可以是家务方面的责任，如每周负责洗碗一次。通过达成目标，孩子能体会到成就感，同时也学会了规划和自律。

2. 培养解决问题的能力

面对生活中的小挑战，如学习上的难题或与朋友的冲突，引导孩子尝试自己寻找解决方案。这不仅能增强他们的自信心，还能培养独立思考和解决问题的能力。父母可以作为指导者提出问题，让孩子思考可能的解决方案，而不是直接给出答案。

3. 鼓励自我表达与情感识别

鼓励孩子表达自己的感受和想法，无论是快乐、悲伤还是愤怒，要让他们知道这些都是正常的情绪反应。在孩子为小事悲伤时，有的父母会用嘲笑的方式对待他。的确，孩子的有些悲伤在大人眼里很"幼稚"，但孩子本身就没经历过什么大事，他们为小事悲伤是正常的。如果父母嘲笑他们，他们渐渐就会隐藏起自己的感情。

4. 提供情感支持与安全感

在孩子尝试新事物或面对挑战时，给予他们充分的情感支持和鼓励。让孩子知道，无论结果如何，家永远是他们最坚强的后盾。这种安全感是孩子探索世界、尝试新事物的重要基础。

通过这些方法，父母可以帮助孩子建立起更强大的内心世界，让他们在面对生活的各种挑战时拥有足够的勇气和智慧。每个孩子成长的节奏和方式也会有所不同，作为父母，最重要的是给予他们足够的爱、耐心和支持，陪伴他们一起走过成长之旅。

少包办，放手让孩子去做

有些父母认为，爱孩子就是为孩子考虑一切，为他们设计好未来的道路。殊不知，这种做法是典型的越位行为，对孩子的健康成长非常不利。

父母替孩子做得越多，孩子就越容易变得笨拙和懒惰；父母越是娇惯，孩子就越发无能和被动。面对任何事情，孩子只有亲身参与、独立做出决策，才能真正取得成长和进步。我们所期待的，是孩子的自我觉醒和积极的改变，而不是父母的包办代替。

小鑫今年13岁，刚上初一。从小学开始，妈妈就全身心地培养他，希望他能取得优异的成绩，拥有美好的前程。一直到升入中学前，母亲每天都会给孩子布置作业，检查预习，制订复习计划，从未间断过。在小学期间，虽然小鑫的成绩并不是特别优秀，但也让母亲感到满意。

进入中学后，妈妈在学业安排上开始吃力，好多知识她自己都不懂，所以就逐步放手。然而，她发现，在没有父母跟进的情况下，孩子根本无法进入学习状态。新课不预习，旧课不复习，作业不主动完成，甚至整理了六年的"错题本"也不见了踪影。孩子的学习显得非常被动，跟不上正常的学习节奏，成绩一落千丈。妈妈为此非常不解：已经是中学生了，为什么还不懂事？为什么还不能独立学习？这样的孩子，让人操心到什么时候啊！

类似小鑫这样的情况并不少见。父母长期的过度保护和包办代替，让孩子失去了自我管理的能力和学习的主动性。要解决这个问题，父母需要改变教育方式，循序渐进地培养孩子的独立性。

首先，父母要与孩子进行深入沟通，了解他对学习的真实想法和困惑。不要简单地批评指责，而是要帮助孩子认识到学习的重要性，引导他建立自己的学习目标。

其次，可以和孩子一起制订适合的学习计划，但要让孩子自己执行，父母只做必要的提醒和监督。比如，可以让孩子每天写下自己的学习计划，完成后自己画一个"√"，以此养成自我管理的习惯。

最后，要给孩子犯错的机会。如果作业没完成，就让他自己去面对老师的批评；如果考试成绩不理想，就让他自己总结原因。这些小挫折恰恰是最好的老师，能够帮助孩子真正认识到自主学习的重要性。

父母对孩子的爱，要深沉、科学、艺术。作为智慧的家长，应给予孩子最有用的东西——教会他们生存、生活以及创造的能力，而不是越位，更不是包办代替。

培养自我管理能力

"孩子，你为什么总是不能按时完成作业？"

"孩子，你为什么总是乱扔东西？"

"孩子，你为什么总是乱发脾气？"

这些问题，可能是许多父母心中的疑问。而答案，就藏在孩子的自我管理能力中。

自我管理不仅仅可以使学习生活井井有条，还意味着孩子拥有自主思考、规划和执行的能力，能够对自己负责，并最终成为一个独立自信的人。

淘淘是一个活泼好动的孩子，学习成绩不错，但做事总是拖拉，经常忘记老师布置的作业。淘淘读四年级时，他的父母决定帮他改变拖拉的习惯，于是尝试帮助他培养良好的时间管理能力。父母与淘淘一起制订了学习计划，鼓励淘淘将学习任务分解成一个个小目标，并设置计时器，专注完成每一个目标。渐渐地，淘淘学会了合理安排时间，按时完成作业。上了初中后，父母基本上不用操心淘淘的学习与生活，他自己安排得井井有条。

当然，培养孩子的自我管理能力并非一蹴而就，需要父母耐心引导和循序渐进的训练。以下几个方法，可以帮助父母引导孩子打开自我管理的宝盒，为他们开启通往成功的道路。

1. 培养良好的习惯

（1）从小事做起，培养责任感。让孩子从小学习整理自己的玩具，收拾自己的房间，培养责任感和自律性。

（2）制定合理的作息时间。帮助孩子制定适合自己的作息时间表，并鼓励他们按计划执行，逐渐养成良好的作息习惯。

2. 提升自我认知

（1）引导孩子自我反思。鼓励孩子反思自己的行为，分析优缺点，并尝试找出改进的方法。

（2）建立目标，激发动力。帮助孩子设立明确的目标，并制订具体的行动计划，鼓励他们不断努力，朝着目标迈进。

（3）鼓励孩子尝试新事物。鼓励孩子走出舒适区，尝试新的事物，并从中总结经验，提升自信心和独立性。

3. 掌握有效方法

（1）学习时间管理技巧。教会孩子掌握番茄工作法、GTD等时间管理技巧，提高工作效率和学习效率。

（2）学习情绪管理技巧。引导孩子认识自己的情绪，并学会控制情绪，避免情绪失控带来的负面影响。

（3）学习沟通技巧。让孩子学会表达自己的想法，并尊重他人的意见。

给孩子独立的空间

  如同幼苗的生长需要有适宜的土地与充足的阳光，孩子的成长也需要一定的空间。在一个属于他们的小天地里，让孩子自由地探索、思考和尝试。每一次的成功或失败，都是为他们日后的独立做准备。

  很多父母明白这个道理，也为孩子提供了独立的房间，但让他们困惑的是，孩子仍然抱怨没有自己"独立的空间"。这到底是怎么回事呢？通过下面的案例或许能找到答案。

  班主任老师为了让孩子观察植物，组织全班同学周末到植物观光园郊游。这既是一次春游活动，也是一次学习机会。每位同学都可以带上自己的"干粮"，中午在植物观光园的草地上"野炊"。韦凌宇回来后兴奋地告诉妈妈，可妈妈不答应，说他没有去过郊外，不放心，还认为郊外的环境不够干净，特别是中午在草地上吃饭，她担心不卫生。因此，妈妈坚决不同意。韦凌宇委屈地哭了，但妈妈说周末带他去吃海鲜。为了防止韦凌宇悄悄溜走，妈妈一整天都看着他。等到周一，班上的同学都在回忆"野炊"的趣事，只有韦凌宇一个人趴在桌子上发呆。放学回家后，韦凌宇一句话也不说，一个星期都不理妈妈。

虽然父母给了孩子独立的房间，但这并不意味着他们拥有了真正的独立空间。真正的独立空间是父母少干涉孩子的事情，放开手让他们自由飞翔，让他们拥有属于自己的发挥余地。

如何为孩子提供真正意义上的独立空间？以下建议供父母参考。

1. 设置一个孩子的兴趣空间

例如，在家中为孩子设计一个玩具角，摆放玩具箱，周围留出玩耍的地方。有了玩具角，孩子可以自主选择玩具，并自己收拾玩具。这不仅为孩子提供了独立玩耍、自主探索的空间，还能帮助他们培养良好的习惯，比如物归原位、整理物品。

在孩子玩具角旁边，设置一个书架，摆放孩子喜爱的读物。孩子可以自行选择喜欢的书来阅读。这样的布置，为孩子的阅读和学习打下良好的基础，培养他们的阅读习惯和学习兴趣。

2. 让孩子自己管理零食

父母将零食的保管权交给孩子，甚至可以专门给他储物空间。这能让孩子产生"自我"的意识，培养他们的自律和分享精神。

3. 让孩子独立交际

父母应为孩子创造机会，让他们与人接触，培养独立交际能力。比如，带孩子去超市购物，让他们独自交费，或者让孩子去小商店买东西。此外，还可让孩子学着接电话。这不仅提高了孩子的交际能力，还培养了他们的语言表达能力。

4. 尊重孩子的隐私

允许孩子有自己的秘密。很多父母以"保护孩子"为名，漠视孩子的隐私，随便翻看孩子的日记、短信、邮件，甚至偷听电话。这样的行为让孩子感到不被信任、不被尊重，会极大地损害孩子对父母的信任和好感。

随着孩子一天天长大，父母应该明白，给予他们独立的空间，远比时时刻刻陪伴更为珍贵。在这个空间里，孩子学会了自我管理，培养了批判性思维，找到了自我，塑造了独特的个性。正如雄鹰终需展翅高飞，孩子也需要在自己的天空中翱翔。让我们以爱为名，放手让他们去探索未知的世界，相信他们有能力书写属于自己的精彩篇章。

引导孩子独立思考

不少父母在教育孩子时，常常会出现这样的情况：一方面要求孩子自己解决学习和生活中的问题，另一方面却对孩子没有信心，怕孩子没有经验、不能解决问题，于是总是想方设法地帮忙解决。这种不信任孩子的做法，不仅会让孩子形成心理上的惰性，还会妨碍孩子思维水平的提高。智慧的父母应该学会培养孩子主动、独立思考的积极性。

5岁的晨晨是个爱问问题的孩子。有一次，他从幼儿园回来，神秘地问妈妈："妈妈，你知道唾沫是什么味儿吗？"

"不知道。"晨晨的妈妈回答。

"唾沫是臭的！"孩子肯定地告诉妈妈。

"你是怎么知道的？"妈妈好奇地问。

"我把唾沫舔在手心上，一闻，真臭！"说着，他还做了个示范。

晨晨的妈妈煞有介事地闻了闻，皱着眉头说："果然很臭，这是一个重大发现！唾沫在我嘴里待了这么多年，我怎么就不知道呢?"

晨晨一听妈妈这么说，非常得意。

"可是，唾沫为什么会这么臭呢?"妈妈不解地问晨晨，"妈妈也不知道，你说该怎么办?"

晨晨歪着脑袋想了想说:"那我们上网查一查吧!"于是，母子俩忙开了……

智慧的父母总是善于引导孩子去动脑、去思考。晨晨的妈妈无疑就是这样一位家长，她在与孩子的交谈过程中，充分调动了孩子"思考"与"发现"的积极性，培养了孩子思想的独立性。

"刀不磨要生锈，脑不用要迟钝。"要想孩子具有更强的独立思考能力，父母应经常创造动脑筋的氛围，鼓励孩子积极主动地思考与探索新知，多渠道、多角度地寻求解决问题的方法。具体来说，应做到以下几点。

1. 允许孩子探索

每个孩子都有刨根问底的天性，不只会问大人问题，还会亲自试验不明白的事情。

2. 启发孩子自己去寻找答案

低龄孩子总有问不完的问题，喜欢打破砂锅问到底。面对孩子的好奇心，家长可以不直接给出答案，而是引导他们去独立思考和探索。比如，当孩子问到一个关于自然现象的问题时，可以先询问他们的猜测，然后引导他们通过阅读书籍、上网搜索或进行实验等方式，来验证和寻找答案。这样，孩子不仅能够满足好奇心，还能在探索过程中培养独立思考和解决问题的能力。

3. 让孩子经常处在问题情境中

父母不但要学会耐心地回答孩子的提问，还要主动"创造"一些问题问孩子，引导他们观察事物、发现问题，激发质疑兴趣和欲望。

4. 参与孩子的"思考"

父母要善于发现孩子的问题，参与他们的思考过程。

5. 让孩子独立思考和判断

在生活中，父母应该提供机会让孩子自己去思考、去判断：什么是对，什么是错；什么应该做，什么不应该做。

6. 跟孩子一起收集益智的故事和资料

父母可以和孩子共同收集、整理益智的故事和资料，比如数学谜题、科学小实验等。一起阅读、讨论，并学会分类整理，便于日后查找。这不仅可以锻炼孩子的思考能力，还能增进亲子间的互动与交流。

7. 举办家庭智力竞赛

智力竞赛最好在节假日进行，父母和孩子轮流做主持人，设立小奖品或其他奖励措施。

一个勤于动脑、善于思考的孩子，懂得举一反三、融会贯通，就能理解和掌握更多知识，形成更优秀的学习能力。因此，父母要教育孩子以积极主动的态度对待学习，善于开动脑筋思考问题，这样才能提高学习效率，增强学习能力。

5

让孩子主动
学习的秘密

　　影响孩子学习成绩的因素有很多。其中，能否主动学习最为关键。大多学习成绩好的孩子，都不需要父母花心思盯着、管着。反过来，需要父母盯着、管着才学习的孩子，成绩却往往不会太好。道理很简单：主动学习的效率高，被动应付的效率低。智慧父母要知道如何让孩子主动学习。

激发孩子的学习兴趣

兴趣能变无效为有效，化低效为高效。如果孩子对学习内容产生足够的兴趣，他们就会有强烈的探索欲望和积极的情绪状态，从而主动参与到学习中去。这时，学习不再是枯燥的事情，学习效率也会随之提高，取得更好的学习效果。可以说，学习兴趣是推进孩子自主学习的源动力。充分激发孩子的学习兴趣，是培养孩子学习主动性的有效途径。学习的动力不是靠父母强迫，而在于孩子的内驱力。每个孩子都是潜在的探索者，拥有一颗渴望发现与理解世界的好奇心。将这份天然的好奇心转化为持久的学习兴趣和能力，不仅有助于他们开启智慧的大门，还能在他们心中种下终身学习的种子，为未来的人生旅程提供源源不断的动力。

今年8岁的文蕊正在读小学三年级，原先她是一个十分活泼的孩子。然而，自去年9月份开学以来，文蕊的父母便对她的表现忧心忡忡。原来，文蕊非常害怕到学校上学。每天早上，她都千方百计找借口赖在家里，不是说肚子胀、胃痛，就是说头天晚上没有睡好。父母催得急了，她就哭闹，情绪异常激动，还时常跺脚摔东西。可到了双休日不上学时，文蕊的一切不适和异常情绪都会烟消云散。为了能让文蕊上学，焦急的父母先是劝说、安慰甚至陪她去学校，可都没有效果，她的厌学情绪反而越来越严重，最后父母不得不带她到医院求助。

面对文蕊这样的情况，父母应当意识到，孩子的厌学情绪往往源自对学习缺乏兴趣和动力。学习不应仅是外在的压力和负担，而应成为孩子内在渴望的一部分。爱因斯坦说："兴趣是最好的老师。"兴趣对学习有着神奇的内驱动作用，能变无效为有效，化低效为高效。所以，父母一定要努力培养孩子的学习兴趣。那么如何培养孩子的学习兴趣呢，应注意以下几点。

1. 发掘兴趣点

每个孩子都有自己的兴趣爱好，这些兴趣爱好可能是音乐、绘画、运动或科学实验。父母可以通过观察和询问，找出孩子真正感兴趣的事物，然后将这些兴趣与学习相结合。比如，如果孩子喜欢动物，可以引导他们阅读有关动物的书籍，或者观看相关的纪录片，从而在兴趣中学习知识。

2. 游戏化学习

利用游戏和互动的方式，将枯燥的学习过程变得有趣。例如，通过教育类游戏、趣味实验或角色扮演等形式，让孩子在游戏中学习数学、语言或其他学科的知识。这种寓教于乐的方式，能有效提高孩子的参与度和兴趣。

3. 鼓励探索与提问

好奇心是孩子学习的动力之源。鼓励孩子提出问题，探索未知，即使问题看起来很简单或"愚蠢"。若孩子的好奇心得到认可和满足，他们会更加愿意主动学习，寻找答案。

4. 提供个性化学习路径

每个孩子的学习风格和节奏都不同。家长应当尊重孩子的个体差异，提供个性化的学习材料和方法。例如，有的孩子更适合视觉学习，他们通过图表和视频能更好地吸收知识；有的孩子则是听觉

型学习者，更倾向于通过讲座和讨论来吸收知识。

5. 设立目标与奖励

父母可以与孩子一起设定短期和长期的学习目标，并为达成目标设立奖励机制。这些目标应该是具体、可实现的。奖励可以是物质的，如一本新书或一次外出活动；也可以是非物质的，如额外的游戏时间或家庭观影之夜。通过这种方式，孩子会更有动力去追求和实现目标。

6. 父母做好榜样

父母对学习的态度和行为，对孩子有着潜移默化的影响。如果父母热爱阅读、持续学习新知识，孩子很可能会效仿。因此，父母应当展现对学习的热情，与孩子一起阅读、讨论，共同学习，成为孩子的学习伙伴。

通过这些方法，父母可以为孩子创造一个充满乐趣和探索的学习环境，让学习不再是负担，而是充满期待和惊喜的旅程。当孩子在兴趣的引领下，主动探索知识的海洋，他们的厌学情绪自然会得到缓解，取而代之的是对学习的热爱和对未来的憧憬。

设定可行的学习目标

明确的目标不仅能激发孩子的学习动力，还能帮助他们更好地规划和管理学习过程。通过设定并完成学习目标，孩子可以养成更强的自律性。父母在这个过程中扮演着重要的支持和引导角色，如帮助孩子制定切实可行的目标，并提供必要的资源和鼓励。

设定学习目标，对孩子成长和发展有如下四大积极影响。

（1）提升学习动力。明确的目标可以激发孩子的学习动力，使他们在学习过程中保持积极性和专注力。

（2）促进自我管理能力。学习目标帮助孩子更好地管理时间和资源，发展有效的学习策略和习惯。

（3）提升成就感。通过实现设定的目标，孩子可以体验到成功的喜悦感和成就感，增强自信心和自尊心。

（4）培养责任心。设定并追求目标的过程能够让孩子学会对自己的学习和行为负责，培养责任心和自律精神。

父母该如何协助孩子设定切实可行的学习目标？

1. 使用SMART原则

帮助孩子设定具体（Specific）、可衡量（Measurable）、可实现

（Attainable）、相关（Relevant）和有时间限制（Time-bound）的目标。这种方法可以确保目标明确且可实现。

2. 从小目标开始

鼓励孩子从设定小目标开始，逐步增加目标的难度和范围。这样的小目标不仅能带来即时的成就感，还能为追求更宏大的目标奠定坚实的基础。

3. 与孩子共同讨论和制定目标

让孩子参与目标设定的过程，使他们对目标有认同感和责任感。亲子共同讨论可以帮助确定目标的可行性和相关性。

4. 追踪和评估学习目标的实现情况

使用日历、进度表或学习日志，记录孩子在目标实现过程中的进展和成就。这些记录可以帮助孩子和父母了解目标的完成情况。父母需要定期与孩子一起评估目标进展，讨论过程中遇到的挑战和成功经验。这种评估和反思有助于保持目标的相关性和可行性。父母可以给予建设性的反馈，肯定孩子的努力和进步，并提供改进建议和支持。

5. 孩子实现目标后给予奖励

在孩子实现目标后，及时给予奖励，这个奖励可以是精神上的表扬或适当的物质奖励。特别是当目标较为庞大时，建议设定一系列小的里程碑和成就点，并在达成每个里程碑时进行庆祝。这可以帮助孩子保持长期的动力和积极性。

设定和实现学习目标，是孩子成长过程中的重要环节。通过父母的支持和引导，孩子可以在这个过程中发展出更强的自律性和责任感，同时体验到成就感和自信心的提升。让孩子在目标的引领下，迈向更成功和快乐的未来。

创造有利的学习环境

通过为孩子创造一个有利于学习的环境，父母可以帮助他们发展良好的学习习惯，激发他们的学习兴趣，并提升他们的学业成绩和个人能力。

璐璐的父母在搬新家后，发现孩子在做作业时常常分心，成绩也开始下滑。父母重新布置了璐璐的学习区域。他们选择了一个安静的房间作为学习室，并确保有充足的自然光。接着，他们购买了一套合适的学习桌椅和一些收纳用品，帮助璐璐整理她的书籍和文具。最后，他们制定了一个规则，在学习时间内，手机和电视都要关闭。经过这些调整，璐璐的专注力和学习效率显著改善，成绩也逐渐提高。

智慧的父母，会从以下7个方面着手，给孩子创造有利于学习的环境。

1. 选择合适的学习空间

（1）安静的环境。选择一个远离电视、游戏和其他干扰的地方，确保孩子能够集中精力学习。

（2）良好的照明。确保学习区有足够的自然光或良好的人工照明，以保护孩子的眼睛。

（3）舒适的家具。提供合适高度的桌椅，确保孩子坐姿正确，减少身体不适。

2. 制订合理的学习计划

（1）固定学习时间。制定一个每日学习时间表，帮助孩子养成规律的学习习惯。

（2）灵活的休息时间。在学习期间安排短暂的休息时间，避免孩子长时间集中注意力导致疲劳。

3. 提供必要的学习工具

（1）文具和书籍。确保孩子有充足的笔、本、教材等基本学习工具。

（2）技术支持。必要时适当提供电子设备，如电脑、平板等，并教会孩子如何合理使用这些设备进行学习。

4. 鼓励自我管理

（1）时间管理。教孩子如何制订学习计划和安排时间，提高时间管理能力。

（2）任务管理。帮助孩子列出每日或每周的学习任务清单，逐步完成，提高自我管理能力。

5. 营造积极的学习氛围

（1）鼓励和赞扬。及时鼓励孩子的努力和进步，增强他们的自信心。

（2）榜样作用。父母应以身作则，展示良好的学习和工作习惯，成为孩子的榜样。

6. 提供情感支持

（1）理解和支持。了解孩子的学习压力和困难，给予必要的支持和帮助。

（1）开放的沟通。与孩子保持良好的沟通，倾听他们的想法和感受，帮助他们解决学习中的问题。

7. 培养兴趣和爱好

（1）提供丰富的学习资源，如图书馆、博物馆、科学馆等，激发孩子的学习兴趣。

（2）鼓励孩子探索不同的兴趣领域，培养广泛的知识面和技能。

通过以上方法，父母可以让孩子在一个良好的学习环境中，充分发挥他们的潜力，迈向成功的未来。

让孩子掌握记忆的规律

　　不少父母常常反映孩子记忆力差，刚学过的东西没过几天就忘记了，做事情也经常丢三落四。其实，记忆力的提升也是有规律的。孩子如果掌握了记忆的规律，并有效运用规律进行记忆，便会取得事半功倍的效果。以下是一些记忆规律和方法，能够帮助孩子更好地记住所学知识。

1. 记忆要趁热打铁，间隔时间不要太长

　　德国心理学家艾宾浩斯研究发现，记忆后的20分钟、1小时和24小时是遗忘最快的几个时间段。因此，为了防止遗忘，家长应教孩子趁热打铁，在记忆犹新的时候复习。俄国教育家乌申斯基的原则也值得借鉴：与其借助复习去恢复记忆，不如借助复习去防止遗忘。记忆活动中应当去"巩固建筑物"，而不要去"修补已经倒塌的建筑物"。

2. "睡前醒后"是记忆的"黄金时段"

　　睡前复习白天或以前学过的内容，可以有效防止遗忘，因为睡眠过程中大脑会对刚接收的信息进行归纳、整理、编码和储存。同样，早晨起

床后记忆新内容或复习昨晚复习过的内容，记忆效果也会很好，因为不会受先前学习内容的影响。

3. 教孩子先理解再记忆

记忆没有意义、不连贯的内容很困难且容易遗忘，而记忆意义连贯的内容则相对容易。因此，在让孩子记忆学习内容之前，最好帮助他们理解所学内容。这样记忆起来更轻松，也更持久。

4. 一次的记忆量不宜过多

每次记忆材料的总量不宜过多，否则容易产生大脑疲劳，导致记忆效率下降。合理控制每次的记忆量，确保孩子能够在一次学习中完成记忆过程。如果需要记忆的材料过多，建议将其分解为若干部分，每次专注于其中一部分，以提高记忆效率。

5. 同类内容一次不要记得过多过久

同类内容一次记得过多、过久容易遗忘。因此，学习时可以采用文理学科交替学习、不同学科交替学习，刺激大脑皮层的不同部位，有利于大脑皮层的兴奋，保证记忆效率。

6. 用脑过度时记忆效率低

家长应让孩子做到劳逸结合，不要在疲劳状态下学习。每学习四五十分钟，可以做做广播体操、眼保健操等，缓解疲劳，不仅有利于身心健康，还能提高记忆效果，增强学习效率。

7. 日常随机提问加强记忆

日常生活中，家长可随机向孩子提问，检查记忆的牢固程度。一次提问不要太多，也不要总提重复的问题，这样既能加强随学随记的牢固程度，又能考查以前学过的知识还有多少印象。

通过以上方法，孩子能够更好地掌握记忆的规律，提高记忆效率，增强学习效果，变得更加自信和主动。

帮助孩子管理好时间

善于管理时间的人，能把一分钟变成两分钟，一小时变成两小时，一天变成两天，最终在有限的时间里做成许多事情，并取得成功。而那些不懂得管理时间的人，只能任光阴虚度，事倍功半。

在生活中，很多孩子都没有养成良好的时间管理习惯。比如，有些孩子在做功课时无法专注，总是拖延，原本一小时能完成的作业拖延到数小时。他们越拖延，心里越厌烦，从而更加抗拒学习和写作业，形成恶性循环。要改变这种状况，父母应从小培养孩子的时间意识，帮助他们学会合理、有效地利用时间，成为时间的主人。

1. 从小培养孩子的时间观念

家长应该让孩子认识到"时间"是每个人都拥有的，但也是最容易失去的资源。把握时间、珍惜时间，就是把握住现在，不浪费每一分每一秒。

2. 让孩子遵循一定的作息规律

制定并遵循一定的作息时间表，如规定孩子的起床时间、洗漱时间、吃早餐时间、放学后的活动安排及睡觉时间。孩子如果没有时间观念，生活作息就会陷入混乱，可能导致上学迟到或旷课。通过固定的作息时间，孩子可以逐渐养成良好的时间观念，并变得更加勤快和有效率。

3. 利用孩子的"大脑兴奋阶段"

珍惜时间并不意味着学习时间越长越好，家长需要了解孩子大脑皮层的最佳兴奋时段，将重要的学习任务安排在这个时段，这样可以事半功倍。同时，可以将孩子的娱乐时间安排在大脑皮层处于抑制状态的时间段，让他们在学习时更加专注。

4. 指导孩子按照轻重缓急安排学习任务

孩子常常分不清事情的重要程度，容易被父母和老师安排的事情所左右。家长应指导孩子将每天要做的事情按照重要程度和紧迫性排列顺序，确保重要的事情优先完成，从而让他们的时间和生活更加井井有条。

5. 每天寻找一个赢得时间的新技巧

培养孩子节约时间的意识，让他们对时间产生珍惜之情。告诫孩子不要将时间浪费在对未做之事的懊悔和内疚上，更不要因失败而止步不前。同时，教孩子养成不浪费别人的时间的习惯，这样也能节约自己的时间。闲暇时，让孩子思考如何才能最好地利用时间。

通过这些方法，家长可以帮助孩子养成良好的时间管理习惯，让他们学会合理、有效地利用时间。这样，孩子不仅能够提高学习效率，还能逐步成为时间的主人，为未来的发展奠定坚实的基础。

成绩代表不了一切

如今，学习成绩常被视为衡量学生能力和未来潜力的标准。然而，真正的教育并不在于追求分数，而在于激发孩子对知识的渴望，培养他们终身学习的能力与兴趣。

著名教育家陶行知曾说："小心你的教鞭下有瓦特，小心你的冷眼里有牛顿，小心你的讥笑里有爱迪生。"这句话提醒我们，面对孩子，尤其是在孩子的成绩不如意时，家长一定要有耐心，正确处理。

孩子的成绩只能在一定程度上反映他们掌握书本知识的状况，并不能完全代表他们的智力水平。家长不应以分数高低来衡量孩子的优劣。孩子年级越低，学习内容相对简单，考试分数也较高。随着年级的升高，学习科目增多，内容加深，考高分变得不容易。分数还受题目难度、覆盖面、孩子心理状况等多种因素影响。因此，父母不能只看分数这一硬性指标，否则会压抑孩子的学习积极性，导致厌学、畏惧心理，甚至出现撒谎、考试作弊等不良行为。

仅因孩子某次分数不高而失望是没有道理的。智慧的父母会帮助孩子认真分析试卷，肯定他的进步和优点并指出不足，耐心地启发孩子。

一些父母无法科学地对待孩子的考试成绩。当孩子考试成绩不理想时，他们往往对孩子表现出强烈的不满。那么，父母应如何正确对待孩子的考试成绩呢？

1. 保持冷静，避免反应过度

无论成绩好坏，父母都应保持冷静，避免情绪化反应。孩子得高分时，家长不要过度夸耀，以免孩子产生过高的期望；孩子低分时，不要过于严厉地批评，以免打击孩子的自信心和学习积极性。如果孩子有几门功课很差，不要发怒或忧虑，应平心静气地在成绩单中"发掘"一些可以称赞的成就，及时给予赞赏和鼓励，同时指出不足，以激发他们努力学习的热情。

2. 强调过程而非结果

跟孩子一起回顾备考过程，讨论哪些方法有效，哪些需要改进。鼓励孩子关注学习过程中的努力和进步，而不仅仅是最终成绩。这样可以帮助孩子建立好的心态，认识到努力和过程同样重要。

3. 设立合理期望

根据孩子的实际情况设立合理的学习目标，避免不切实际的期望给孩子带来压力。一个班级几十个孩子，总会有第一名与倒数第一名，这是客观的事实。不能所有孩子的家长都要求孩子名列前茅。

4. 鼓励自我反思

引导孩子学会分析考试中的得失，思考如何在下次考试中做得更好。这不仅能帮助孩子提高学习效率，还能培养他们的自我调节能力和责任感。

当孩子成绩欠佳时，父母不应仅仅施以惩罚，而应多用鼓励和理解的态度进行正面引导，帮助孩子树立信心，使孩子努力学习，迎头赶上。如果万不得已要采取某种惩罚手段，也要避免孩子产生抵触情绪，防止他们产生错误的学习观念。通过正确的态度和方法，父母可以帮助孩子更好地面对学业挑战，逐步成长为全面发展的人才。

6

慢养孩子的智慧

　　教育孩子切忌急功近利，而要放眼长远。教育孩子如同种花，需要耐心、关爱和呵护。家长要遵循孩子自然成长的节奏，静待花开。每个孩子都有自己独特的发展步伐和兴趣爱好，急于求成会扼杀他们的好奇心和创造力，甚至增加他们的压力和焦虑。特别是在当今这个快节奏社会中，教育更需要一份"慢养"的心态。

用慢养理念培育孩子

"慢养"不仅是放慢教育的步伐，给孩子更多时间和空间去体验和领悟生活，更是一种深刻理解并尊重儿童成长规律的教育哲学。它强调在孩子成长的每一步中，父母和教育者应扮演引导者和支持者的角色，而非操控者。这样，父母不仅是在培养下一代的"人才"，更是在塑造一群有健康心灵、独立思考能力和强烈社会责任感的"成年人"，他们将有能力为社会带来积极的变化，成为未来世界的建设者和引领者。

老张要去国外待一年，就把山中的庭院交给朋友小凯照看。老张勤快，院子里的杂草被他除得干干净净。但小凯有些懒，除了偶尔扫扫落叶，不去拔杂草。初春时，院子里长出了几簇草，后来竟冒出几株腊兰，据说腊兰一棵至少值万余元。老张得知后很吃惊，感叹道："我差点毁掉了这种奇花。如果当初耐心等这些草长大，看看它们是什么，我几年前就能发现腊兰了。"

我们常常急于拔掉那些还未开花的"野草"，没有给予它们开花证明自己价值的机会，使许多原本珍奇的"腊兰"与我们失之交臂。孩子的成长如同庄稼和花草，有自己的生长周期和成才规律。"不让孩子输在起跑线上"其实是一个片面且急功近利的口号。我们要给每一棵草开花的时间，给每一个孩子证明自己价值的机会，不要盲目地拔掉任何一棵草。

教育孩子要等待"花期"，教育的过程实质就是寻找最恰当的教育方法和时机的过程。孩子如同"破土而出的幼芽"，在心理、生理上都是稚嫩的、富于变化的、很不稳定的。耐心地保护、尊重孩子的人格和自尊，静静地等待他们证明自我、展示自我，这样可以帮助孩子更好地发现自我价值，充分调动他们主动成长的内在动力，充分实现自我价值，这才是家教成功的秘诀。

父母"慢养"孩子，就是要支持与包容孩子。石东念小学六年级时，有一天告诉父母他有了想要学习滑板的愿望，他向父母说明了练习滑板需要全套装备，并且要报名滑板课。尽管滑板训练伴有一定的风险性，但是可以锻炼自己的身体协调性和勇气。父母经过深思熟虑后决定全力支持他的爱好，为他购买了滑板装备并报名了滑板课。石东在刚练习滑板动作时也会产生恐惧感，但一想到父母如此支持，便有了勇气。

父母是孩子的守护神，是孩子心中不灭的灯，父母的支持和包容对孩子至关重要。正因为有了这种支持和包容，孩子才不会在漫长的成长过程中"掉队"或走上"歧路"。因此，父母一定要做到以下几点：

　　首先，要支持孩子的梦想，即使这些梦想有时看似天方夜谭。孩子属于未来，拥有梦想是迈向成功的第一步。父母要支持并引导孩子找到通向梦想的大门，勇敢地把他往前推，而不是以怀疑、嘲笑或否定的态度对待，这样可能会扼杀一个未来的科学家、艺术家或企业家。

　　其次，要支持孩子的爱好。孩子的爱好是他们智慧的闪光和创造力的萌芽。父母应引导、尊重和支持孩子的爱好，并在此基础之上促进他们的综合素质全面发展。父母可以将孩子的爱好与学习结合，扩展思维的深度和灵活性，并发现孩子的优势，鼓励他们树立远大的人生理想。

　　再次，要容忍孩子犯错。错误是成长的必经之路。孩子只有在犯错后，才能真正理解为什么不能那样做。父母要接纳孩子的错误，鼓励他们通过不断尝试来实现成长和进步。

　　最后，要包容孩子的缺点。每个孩子都有自己的不足或缺陷。父母若不能包容，甚至嘲笑孩子，可能会导致他们自卑甚至自暴自弃。因此，包容孩子的不完美，有助于他们健康成长。

　　父母的支持与包容如同大地，让孩子感受到爱的坚实；如同海洋，让孩子沐浴在爱的波浪中；如同助推器，让孩子飞向光明的未来。有了这种支持与包容，孩子才能在生命的岁月中慢慢成长。

接受孩子的平凡

　　每对父母都希望自己的孩子能够卓越非凡，成为令人瞩目的焦点。然而，现实中，绝大多数孩子只是普通人。就像他们的父辈一样，或许他们没有惊人的天赋，也没有特别的成就，但他们依然可以度过一个精彩而有意义的人生。智慧的父母会接受孩子的平凡，并在这平凡中找到属于他们的独特光芒。

　　不是每个孩子都是天才，父母要正视自己的孩子，提供给孩子健康、快乐成长的机会。同时要明白，成功的道路千万条，不要把自己的意愿强加给孩子，以免增加孩子负担。孩子可以走他自己想走的路，只要孩子感到满足与快乐，这样的人生就是有价值的。

　　接受孩子的平凡，平凡并不意味着失败。社会中有很多人都是平凡的，他们过着普通的生活，却承担着重要的社会责任。医生、教师、工人、农民，他们或许大多默默无闻，并不出人头地，但正是他们支撑着整个社会的运转。作为父母，我们首先要理解，平凡并不等于无价值，平凡的生命也一样可以熠熠生辉。

　　尊重孩子的独特性，是接受平凡的核心。每个孩子都是独一无二的个体，他们有自己的性格、兴趣和能力。父母应该尊重孩子的独特性，理解他们的需求和愿望。不要拿孩子与别人做比较，而是关注他们的个人成长和进步。给予孩子一定的自主权也是尊重他们独特性的重要方式。父母可以在日常生活中逐步放手，让孩子学会自己做决定，承担责任。例如，让孩子自己选择课外活动，自己安排时间。通过这些方式，孩子可以培养独立性和自信心。父母应该鼓励孩子做真实的自己，不要为了迎合别人的期望而改变自己。真实地面对自己，接受自己的优点和不足，孩子才能更加自信和快乐地成长。父母可以通过尊重和支持孩子的选择，帮助他们建立起坚强的自我认同。

放下对孩子的不切实际的期望是接受平凡的关键。父母希望自己的孩子能够成龙成凤，心情可以理解。只是，不切实际的期望往往会给孩子带来巨大的压力。父母需要放下对孩子的过高期望，尊重孩子的天赋和兴趣，理解每个孩子都有自己的成长轨迹。过度的期望不仅让孩子感到负担，也可能导致他们失去自信，对未来感到迷茫。

接受孩子的平凡并不容易，尤其是在看到其他孩子取得卓越成就时，父母难免会有失落和沮丧。作为父母，我们需要接纳自己的这些情绪，理解这些情绪的来源，并积极调整心态，避免将负面情绪传递给孩子。

帮助孩子培养健康的自我认知，是接受平凡的另一个重要方面。每个孩子都有自己的兴趣和爱好，这些兴趣和爱好可以成为他们成长的动力。父母应该鼓励孩子多尝试不同的活动，找到自己真正感兴趣的领域。在这些领域中，孩子可以体验到成就感和快乐，进而建立起健康的自我认知。

同时，父母应关注孩子的努力和进步，而不是仅仅关注结果。鼓励孩子在过程中付出努力，享受学习和探索的乐趣，这样可以帮助他们建立积极的自我认知，即使结果并不理想，他们也能在过程中找到自信和满足感。接受自己的不完美也是孩子成长中的重要一环。没有人是完美的，孩子也是如此。父母应该鼓励孩子接受自己的不完美，理解每个人都有自己的优势和劣势。通过接纳自己的不

完美，孩子可以更坦然地面对生活中的挑战，学会从失败中吸取教训，继续前行。

　　培养孩子积极的人生态度，是接受平凡的重要环节。父母是孩子的第一任老师，父母的价值观会对孩子产生深远的影响。父母应该以身作则，将诚实、善良、勤奋和认真负责的优秀品质传递给孩子。这些品质可以帮助孩子在平凡的生活中找到意义和方向。面对生活中的各种挑战，父母应该鼓励孩子勇敢面对。通过挑战，孩子可以学会解决问题的方法，培养坚韧的品格。父母可以与孩子一起设定目标，逐步克服困难，体验成功的喜悦。感恩是一种积极的人生态度，它可以帮助孩子更好地欣赏生活中的美好。父母可以通过日常生活中的小事，教导孩子学会感恩。例如，感恩朋友的帮助，感恩大自然的馈赠，感恩家人的关爱。感恩之心可以让孩子更加珍惜自己拥有的一切，保持乐观和满足。

　　接受孩子的平凡，这是绝大多数父母需要面对的课题。通过理解平凡的意义，培养健康的自我认知，营造支持性的家庭环境，培养积极的人生态度，尊重孩子的独特性，以及提供长期的心理支持，父母可以帮助孩子在平凡中找到自己的独特光芒，成长为自信、乐观、独立和有责任感的人。无论孩子是否卓越非凡，只要他们能够健康、快乐地成长，便是对父母最大的回报。

教育不怕慢，只怕停

教育是一场漫长的马拉松，需要家长和孩子共同努力，稳扎稳打。正如一棵树的生长，不能急于求成，强行拔高，而应该静待花开，给予适度的营养和呵护。在教育的过程中，我们不怕前进的步伐慢一些，最怕的是停滞不前或者走错方向。

教育需要尊重孩子的天性和成长规律。每个孩子都是独特的个体，有着不同的兴趣爱好和学习节奏。有的孩子可能在语言方面表现出色，有的则在数理逻辑上更具优势。我们不能用统一的标准要求所有的孩子，也不能期望他们在同一时间点达到相同的水平。就像种花一样，有的花开得早，有的花开得晚，但只要给予合适的土壤和阳光，每一朵花都会在属于自己的季节绽放。

教育的过程中要注重培养孩子的学习兴趣和自主能力。很多家长急于看到成绩的提升，采用填鸭式的教育方式，这样虽然短期内可能会有效果，但从长远来看却可能扼杀孩子的求知欲望。真正有效的教育应该是激发孩子的好奇心，让他们产生探索的渴望。比如，与其要求孩子死记硬背知识点，不如带着他们做一些有趣的实验，让他们在实践中体会学习的乐趣。

教育要注重品格的培养。知识的积累固然重要，但良好的品格更是受用终身的财富。诚实、善良、责任心、坚韧不拔的精神，这些品质的养成都需要日积月累地培养。家长要以身作则，在生活中创造机会让孩子培养这些品质。例如，可以鼓励孩子参加志愿服务，培养他们的同理心和社会责任感；可以让孩子承担一些家务劳动，培养他们的独立性和责任心。

秀雅从小学习成绩平平，特别是数学科目，常常让父母担忧。但她的父母没有采取强制补课或者责骂的方式，而是通过观察，发现秀雅对航模制作特别感兴趣。于是，他们支持秀雅参加了航模社团。

在航模社团，秀雅逐渐理解了很多物理、数学原理。父母还引导她计算航模的成本，不知不觉中，她的数学能力也在进步。

两年后，秀雅不仅在航模比赛中获得了奖项，数学成绩也有了显著提升。更重要的是，她养成了独立思考和解决问题的能力。

秀雅的故事告诉我们：教育不能一味追求速度，而要找到适合孩子的方式，即使慢一点，只要方向对了，终会开花结果。

有时候，家长看到其他孩子进步神速，而自己的孩子似乎原地踏步，往往会焦虑不安。这时，家长要一再提醒自己：教育不是短跑，而是马拉松，重要的是持之以恒。同时，家长要学会与孩子同行。

教育的真谛在于启发和引导，而不是灌输和强制。我们要相信，每个孩子都有无限的潜能，关键是用正确的方式去激发和培养。在这个过程中，慢一点没关系，重要的是方向正确，步伐坚定。就像古人说的"不怕慢，只怕站"，教育的路上，稳扎稳打的慢步前进，远比急功近利的冲刺更能达到理想的目标。

持续成长比成功更重要

　　孩子首先需要成人，之后才能成才。成人指的是培养孩子健全的人格和良好的社会适应能力。从"慢养"的角度来看，培养孩子的关键在于细心呵护他们的内在成长，让他们按照自身的发展节奏逐渐成熟，成为既独立又具社会责任感的个体。

　　孩子要实现持续成长，必须拥有科学的学习方法作支撑。这包括培养规划能力、学会时间管理、建立学习的节奏感。这个方法的习得，离不开父母的教育与引导。

　　小娟的故事很好地说明了持续成长的重要性。从小学开始，小娟的父母就帮助她建立了"成长档案"。档案里并不是简单地记录分数，而是更关注能力的提升。他们每月帮助小娟设定一个小目标，记录达成目标的过程，定期进行反思和总结。"成长档案"中详细记录了小娟在各个阶段的进步，不仅让小娟清楚地看到自己的进步，也帮助她找到了需要提升的地方。

　　比如，当小娟对历史产生兴趣后，父母没有急于让她背诵历史事件，而是先通过有趣的历史故事激发她的兴趣，然后引导她查找相关资料，鼓励她总结历史规律，帮助她建立历史知识框架。他们一起观看历史纪录片，讨论历史人物的选择与得失，分析历史事件的因果关系。这种深入思考的学习方式，让历史不再是枯燥的年代表和事件串，而是生动的智慧启迪。

通过这种方式，小娟不仅建立了扎实的知识体系，更重要的是培养了持续学习的能力和习惯。他学会了如何主动获取知识，如何分析问题，如何将新知识与已有知识建立联系，这些能力对他的持续成长起到了关键作用。

在孩子持续成长的道路上，父母要注意以下几点：

1. 拥有一颗平常心

"平常心"并不意味着不求上进，而是在日常生活中看待和解决问题的一种心态。拥有"平常心"反而能让孩子在平稳的期望值下更容易取得成绩。

此外，也要让孩子学会以平常心对人对己。教导孩子调整自己的心态，避免过度干涉和过度思考。鼓励他们坚持自己的道路，不被他人的言语所左右。遇事时，教导他们保持冷静，以淡定的态度看待得失和功名利禄，这样孩子在面对各种情况时，往往能表现得更加出色。

2. 学会等待

父母常常希望孩子立即听从指令或快速达到目标，但孩子的心智和能力尚未成熟。父母应克制急躁情绪，给予孩子充足的时间逐渐转变和成长。成长是一个过程，无论是生活自理能力的提高，良好习惯的养成，还是文化知识的积累，都需要时间的历练。父母的理解和支持将更有助于孩子稳步成长。

3. 培养孩子兴趣

全身心投入一项充满挑战的任务会带来极大的快乐。培养孩子的兴趣爱好，如玩乐高玩具、无人机等，让他们从中获得满足和成就感。

4. 多亲近大自然

城市生活的喧嚣容易让孩子的心灵变得机械和冷漠。利用假日带孩子离开城市，去郊外、河畔，和孩子一起捉小虫、放风筝，在草地上奔跑嬉戏，大自然将温暖地拥抱孩子的心灵，带给他们无尽的乐趣与满足。

综上所述，从"慢养"的视角来看，持续成长的重要性在于它强调了过程的价值，而非仅仅关注结果。父母应鼓励孩子按照自己的节奏和兴趣去学习，享受每一次尝试和体验。即便这些经历未必立即带来显著的成就，孩子也会在这一过程中学会自我驱动，发展出独立思考和自我反思的能力，这些都是支撑其未来成功的基石。

激发孩子持续向上的动力

当今，知识更新换代的速度越来越快，孩子们面临着前所未有的机遇与挑战。在他们成长的旅程上，拥有持续向上的动力，就像拥有了探索未知的罗盘，能够引领他们穿越风雨，不断前行。然而，如何在孩子心中种下这颗名为"动力"的种子，并让它在日常

生活的土壤中生根发芽，是每位父母都非常关心的问题。

首先，我们需要认识到，孩子的成长并非一蹴而就，而是一个循序渐进的过程。"慢养"意味着给予孩子充足的时间和空间，让他们在一个相对稳定、安全的环境中自由探索、独立思考，养成良好的品德和习惯。在此过程中，父母和教育者的责任是提供适当的引导和支持，而非简单地灌输知识或强制要求。

其次，父母一方面要注重培养孩子的独立思考能力和自我管理能力，让他们学会主动探索、解决问题，而不是完全依赖他人的指引。同时，还要培养孩子的同情心和社会责任感，让他们意识到自己在社会中的角色和责任，从而产生持续向上的内驱力。

再次，父母应当尊重孩子的个性，培养孩子的兴趣爱好，鼓励他们去探索自己感兴趣的领域。比如，如果孩子对音乐有特殊的热情，父母可以为他们提供音乐培训的机会，让他们在学习和练习中感受到成就感，从而建立起持久的学习动力。与此同时，父母也要给予孩子足够的自主性，让他们在兴趣的引导下自主选择学习方向，而不是过度干预和控制。只有孩子真正对所学内容产生兴趣，才能保证他们的学习动力持续旺盛。

此外，还需要建立良好的家校社会协作机制，让各方共同参与到孩子的成长过程中来。父母要与学校和社会各界保持密切沟通，了解孩子在各个环境中的表现和需求，并给予针对性的支持和引导。学校和社会组织也要主动与家庭合作，为孩子提供更加丰富和多元化的成长资源和机会。只有各方通力合作，才能真正为孩子营造一个有利于持续向上的成长环境。

总之，激发孩子持续向上的动力是一项系统工程，需要从多个层面入手。"慢养"理念的核心在于给予孩子充足的成长时间和空间，让他们在一个相对稳定的环境中自主探索、独立思考。我们要培养孩子的独立能力、兴趣爱好和社会责任感，为他们的全面发展创造有利条件。只有这样，父母才能真正帮助孩子健康成长，使其成为具有持续向上动力的未来之星。

7

建立健康的
情感关系

在人生的织锦上，情感关系是最为柔软也是最为坚韧的丝线，它贯穿于我们的成长历程，塑造着我们的性格与世界观。在亲子教育的广阔画卷中，建立健康的情感关系，不仅是孩子情感世界发展的基石，也是他们建立自信、学会社交、理解他人情感的关键。

再忙也要陪伴孩子

父母的陪伴对孩子的成长起着至关重要的作用。父母的陪伴不仅是情感上的支持，还包括教育、行为引导和心理健康的保障。

有陪伴的孩子安全感强。父母的陪伴让孩子感受到稳定的情感支持，使他们在面对外界压力和挑战时更加自信和从容。此外，有父母陪伴的孩子情感较为稳定，不容易产生焦虑、孤独等负面情绪。而缺乏陪伴的孩子安全感弱，容易感到不安和恐惧，特别是在遇到困难时，表现更为突出。由于得不到充分的情感支持，这些孩子容易产生情绪波动，出现焦虑、抑郁等问题。

有陪伴的孩子，会在父母的陪伴中感受到自身被重视，因而更自信。而缺乏陪伴的孩子，可能觉得自己不被重视，从而产生自卑。

总的来说，父母的陪伴对于孩子的成长非常重要。通过高质量的陪伴，父母不仅可以帮助孩子建立起坚实的心理基础，还可以在情感和自我认知方面给予他们重要的支持和指导。在孩子成长路上，父母的陪伴和关爱是他们健康成长的重要保障。

由于生活节奏快、工作压力大，有些父母没有时间关注自己的孩子。他们一心为了工作、为了赚钱，一大早就匆匆赶去上班，很晚了才拖着疲倦的身躯回家，还要忙着做饭、做家务，吃过饭后立刻催促孩子回房间写作业。他们在不知不觉中，忽略了陪伴孩子。

人是感情动物，精神上的需求是金钱所不能代替的。

一位父亲忙碌了一天，下班回家时已是华灯初上。他有点疲惫，有点烦。

5岁大的儿子站在窗前，看着路灯下的父亲从远走近。

父亲进门时，孩子怯生生对父亲说：

"老爸，我可以问你一个问题吗？"

"什么问题？"

"你1小时可以赚多少钱？"

"这与你无关，你为什么问这个问题？"父亲疑惑地问。

"我只是想知道，请告诉我，你1小时赚多少钱？"孩子哀求道。

"假如你一定要知道的话，唔……"父亲迅速进行心算，"我1小时赚30元。"

"喔，老爸，我现在有30块钱了，我可以向你买1个小时的时间吗？明天请早一点回家，我想和你一起吃晚餐。"

这个故事让人深思：时间可以换取金钱，也可以换取家庭的亲情和快乐吗。给家庭挤出些时间吧，有些东西是拿钱买不到的。

忙碌不是忽视陪伴孩子的理由，只要有心，忙里偷闲陪孩子的时间是有的。之所以"没有"，归根到底是内心觉得不重要，从而将时间分给了自以为"更重要"的事务上。

　　不管多忙多累，父母都不要忽视孩子的存在。在陪伴孩子的过程中，既可以缓解自己的工作压力，还可以增进亲子关系。对于大忙人来说，有三点是你可以做得到，并且一定要去做的。

1. 每天给孩子一个好心情

　　父母至少有一个，在早晨和孩子一起吃早饭，送孩子出门上

学，说几句鼓励的话，亲热地告别一下，这样做会让孩子有一整天的愉快心情。下班回家也不要急着做别的事情，先和孩子亲热一下，说上几句话再做别的。一天下来，孩子总会有话想对父母说，这时候，做一个认真的听众是非常有必要的。

2. 利用节假日带孩子外出游玩

外出游玩，不仅可以让孩子见多识广，还能锻炼孩子其他方面的能力，如与陌生人交流、对行程做计划安排等。游玩的过程中，也能增进父母与孩子之间的亲密关系。

3. 经常跟孩子进行交流

每天下班回家，问问孩子在学校的情况，如："今天在幼儿园交到好朋友没有？""学校发生了什么印象深刻的事情吗？"吃饭的时候，说一些轻松的话题，让一家人有一个愉快的心情进餐。

培养孩子的自我意识

　　自我意识是指一个人对自身的认识，包括对自己和周围人关系的理解。它在心理活动和行为中起着调节作用，是行为的强大动机，对孩子的心理发展有着重要意义。孩子如何认识自己、如何处理与他人以及周围世界的关系、如何评价自己的能力、具有什么样的自我价值观、树立什么样的自我形象，直接影响他们能否积极适应社会、保持心理健康，并在学习和生活中取得进步。

　　当父母注重培养并合理利用孩子的自我意识时，可以有效地提高其学习与心理健康水平。一个具有良好自我意识的孩子，会在各方面表现出优秀的才能并取得成就。相反，如果孩子在自我意识的发展中出现不良倾向而没有及时调整，会导致其个性和行为出现偏差，未来矫正将变得更为困难。因此，父母应当重视培养孩子良好的自我意识。

琳琳上小学一年级时，妈妈就开始让她每天走五分钟的路程去小区值班室拿牛奶。最初几天，她很高兴，每次都准时跑去拿牛奶。但有一个星期天，琳琳赖在床上不肯起来，说自己很困。妈妈说："如果送奶工人也说困，不起来送奶了，那大家有奶喝吗？我困了，不起来做早餐，你不就要饿肚子了吗？该自己做的事，不可能因为有困难就不做。如果你不去取牛奶，我们全家人就要缺少一顿美味了。"琳琳听后，意识到自己在家庭中的重要位置，低着头不好意思地说："妈，我知道了，我以后再不会赖床了。"

　　心理学家认为，孩子在成长过程中，构建和明确自己的身份认同非常重要。只有当孩子明确了自我的身份认同，他们才能承担起相应责任，这是成长的关键。故事中，琳琳有了强烈的自我意识，开始认识到自己在家庭中所处的位置，这是值得父母高兴的事。

　　为了培养孩子良好的自我意识，父母应努力做到以下几点：

1. 培养孩子的独立思考能力

　　首先，家长要给予孩子选择的机会。从小事做起，比如让孩子自己选择穿什么衣服、吃什么早餐，培养他们独立思考和决策的能力。在做选择后，引导他们思考选择的后果，逐步建立起对自己行为负责的意识。

　　其次，家长要尊重孩子的想法和感受。当孩子表达自己的观点时，家长要认真倾听，不轻易否定。即使观点有误，也要通过讨论的方式让孩子自己发现问题，而不是简单地说"你错了"。

最后，家长要鼓励孩子进行自我反思。可以养成每天与孩子分享一天经历的习惯，引导他们思考自己的行为是否恰当，帮助他们培养自我认知和自我调节的能力。

2. 培养孩子的自我评价能力

自我评价是自我意识的核心，对孩子道德品质的形成和道德行为的培养极为重要。父母应为孩子创设自我评价的情境，促进其自我评价能力的发展。

3. 教育孩子接受与悦纳自我

自我悦纳是发展健全自我意识的关键。一个人需要先自我接纳才能被他人接纳。在自我悦纳的基础上，培养孩子自信、自立、自强、自主的心理品质，促进其发展自我和更新自我。

4. 引导孩子有效地控制自我

自我控制是人主动定向地改变自我的心理品质、特征和行为的过程。有效地控制自我是健全自我意识、完善自我的根本途径。应从小发展孩子的自我调节与自我控制能力。

通过这些方法，父母可以帮助孩子建立起健康的自我意识，为他们的心理健康和全面发展打下坚实的基础。

开启孩子的同理心之门

同理心是孩子在社交互动中取得成功的核心能力。它不仅帮助孩子在家庭、学校和社区中与他人建立并维持积极的人际关系，也在他们的情感发展和社会适应性中发挥着重要作用。通过培养同理心，父母可以帮助孩子学会理解他人的感受和观点，并有效地沟通或解决冲突。拥有同理心的孩子往往能够理解和感受他人的情绪和经历，并用这种理解来指导自己的行为，这对孩子的成长和社交互动有着深远的影响。

例如，小敏的同桌轩轩在期末考试中表现不佳，感到非常难过和失望。小敏意识到同桌的情绪变化，主动走过去安慰他："我知道你现在很难过，但你已经尽力了，下次我们可以一起复习。"这种同理心的行为不仅让轩轩感到被理解和支持，也增强了小敏与同学之间的友谊和信任。

那么，作为父母，应该如何培养孩子的同理心呢？

1. 父母的示范和解释

孩子往往通过观察和模仿父母的行为来学习。因此，父母应通过自身行为来示范同理心。例如，在超市里看到有人不小心打翻了商品，父母可以主动上前帮忙捡起，并向孩子解释："看到别人遇到困难，我们应该伸出援手，因为每个人都有可能遇到需要帮助的时候。"这样的行为示范和解释，不仅能帮助孩子理解同理心的重要性，还能激发他们的善意和合作精神。再例如，小明的妈妈在公园里看到一位老人摔倒了，她立刻上前扶起老人，并询问其是否需要帮助。小明在一旁观察，后来他在学校看到同学摔倒，也主动上前帮忙，并安慰同学不要害怕。

2. 鼓励情感交流

家庭是孩子情感交流的第一个场所，父母应该鼓励孩子表达自己的情感和经历，无论是喜怒哀乐还是疑惑和困扰。通过倾听和理解孩子的感受，父母可以帮助他们建立情感认知和表达能力，从而更好地理解和感受他人的情绪。一位当律师的爸爸，每天都会利用晚餐时间询问孩子在学校的生活、与朋友的相处以及他们的感受和经历。这让孩子习惯于分享自己的心情，也学会了关心他人的感受。在学校里，这个孩子经常能够敏锐地察觉到同学的情绪变化，并给予适当的关心和支持。

3. 引导孩子将心比心

有一天，小丽和妈妈一起观看了一部关于贫困儿童成长的纪录片。观看后，妈妈引导小丽思考贫困儿童的生活困境和他们的期望。通过这样的思考，小丽不仅更加珍惜自己的生活，还在学校里发起了一次为贫困儿童募捐书本和文具的活动。通过阅读书籍、观看电影或新闻事件，父母可以与孩子一起思考讨论。这不仅有助于拓宽孩子的视野，还能培养他们理解他人与为他人着想的能力。

4. 让孩子参与社会活动和志愿服务

参与社会活动和志愿服务，可以让孩子亲身体验和理解不同群体的生活。这种实践经历不仅能增强他们的同理心，还能培养他们的社会责任感。比如，鼓励孩子参加社区组织的环保志愿服务活动。在活动中，孩子可亲身体验清理垃圾、种植绿植等工作。通过这些活动，孩子能深刻体会到环保的重要性，并在学校里积极宣传环保理念，呼吁同学们一起参与环保行动。

总而言之，通过父母示范和解释、鼓励情感交流、讨论他人的情感和观点以及参与社会活动和志愿服务等方法，父母可以有效地培养孩子的同理心。这不仅有助于孩子建立与他人的良好关系，还能促进他们的个人成长和社会责任感的形成。

学会应对压力和焦虑

需要承认的是，现在的孩子所面临着的学业、社交上的压力，要比上一辈大很多。这些压力，有时会让孩子产生焦虑，严重时还会导致心理疾病。学会识别和有效应对这些情绪，对于孩子的心理健康和全面发展至关重要。

压力和焦虑是孩子在成长过程中可能面临的常见情绪。了解这些情绪的影响，可以帮助父母更好地引导、支持孩子在身心健康、学业表现和社交关系等方面取得平衡与进步。

蕾蕾在即将到来的期末考试前感到极大的压力和焦虑，常常失眠，白天也难以集中注意力。她的父母注意到她的状态，决定帮助她识别和应对这些情绪。他们与蕾蕾讨论了她的担忧，一起制订了复习计划，并分阶段进行复习。他们还教她一些放松技巧，如深呼吸和冥想，帮助她在感到焦虑时平静下来。之后，蕾蕾学会了如何应对考试的压力，并在期末考试中表现优异。

智慧的父母应该如何帮助孩子更好地应对压力与焦虑呢？

1. 识别孩子的压力和焦虑

观察孩子在日常生活中的变化，如情绪波动、睡眠问题、食欲变化、回避活动或社交退缩等，这些可能是压力和焦虑的迹象。倾听孩子的语言，孩子可能会通过言语表达他们的压力和焦虑，如"我很紧张""我不想去学校"或"我觉得自己做得不够好"。直接询问孩子的感受和经历，帮助他们表达和识别自身的压力和焦虑。密切关注孩子的身体信号，孩子的压力和焦虑常常表现出身体症状，如头痛、胃痛、疲劳或紧张。

2. 提供应对压力和焦虑的策略

教授孩子一些简单的放松技巧，如深呼吸、冥想、渐进性肌肉放松或视觉化想象。促进孩子养成健康的生活习惯，如保证充足睡眠、均衡饮食和定期锻炼身体，建立稳定的生活节奏，以帮助孩子在面对压力时感到生活有序和可控。通过制定合理的学习时间表、规划适当的休息时间和活动安排，可以加强他们的自我管理能力，从而更好地应对压力。

3. 提供情感支持和理解至关重要

孩子情绪不佳时，父母应积极倾听和共情孩子的感受，避免批评和贬低，承认他们的情绪并表示理解和支持。在孩子冷静下来后，提供一些实际的帮助和建议，帮助他们解决引起压力和焦虑的问题。鼓励孩子开放地表达和分享自己的感受，而不是压抑或隐藏情绪，这种情感交流有助于他们更好地处理和应对压力和焦虑。

4. 在家庭中营建健康的氛围应对压力

鼓励家庭成员之间开放地交流自己的情感和感受，定期进行压力管理的讨论，分享应对压力的策略。父母通过示范如何正确应对压力，告诉孩子如何在面对压力时保持冷静和自信。定期安排家庭放松和娱乐的时间，如一起进行户外活动、看电影或做游戏，帮助家庭成员在忙碌的生活中放松身心。

通过这些方法，父母可以有效地帮助孩子正确认识并面对压力与焦虑，保证他们的身心健康。

让孩子懂得关爱他人

在孩子成长的早期阶段，让他们学会关爱他人，不仅是培养他们成为有责任感的社会成员的基础，更是为他们日后建立健康的人际关系、享受充实而幸福的生活打下基石。关爱他人不仅仅是简单的礼貌与友善，它更是一种深刻的情感共鸣，是对他人感受的敏锐洞察与尊重，是对周围世界的温柔以待。

某幼儿园老师在一次心理测试中问孩子们是否愿意把自己的外衣借给生病的小妹妹，大部分孩子找各种理由表示不愿意。这种现象往往是由如下原因造成的：孩子们在家里理所应当地享受所有的好东西，到了集体中有时便也想将好东西占有，显得有些自私，不愿意关心和帮助他人。这与父母的教育方式密不可分。许多父母将孩子视为家庭的中心，百般宠爱，导致孩子认为自己理应得到一切，而不懂得关爱他人。这样的性格显然不利于孩子的健康成长。

作为父母，应该让孩子明白关爱他人的重要性，建立起个体与群体之间的联系。同时，懂得关爱他人的人，也能得到更多的关爱和机会，取得更大的成功。

1. 爱心培养要从小抓起

婴幼儿期是各种品质形成的关键时期，爱心的形成也不例外。父母要从孩子小时候起就经常爱抚他们，对孩子微笑，让孩子感受到父母的爱。随着孩子的成长，父母应把自己看作孩子的伙伴，陪伴他们游戏、聊天、学习，让孩子感受到家庭的温暖和被爱的幸福，为奉献爱心打下良好的基础。

2. 父母要富有爱心

要让孩子有爱心，父母要以身做则，展现充满爱的行为。比如期望孩子爱父母，父母就应先孝顺自己的长辈，为孩子做好表率。孩子的心灵纯净如白纸，若从小在孩子的心中种下爱的种子，日后孩子必将成为懂得关爱父母、善待他人、奉献社会的人。

3. 培养孩子的移情能力

移情能力是指能设身处地为他人着想、感受他人情感的能力。当孩子看到他人因病痛而受煎熬时，我们应引导他们结合自己的经历去理解和感受他人的痛苦，进而鼓励他们为他人提供力所能及的帮助，无论是在物质上还是精神上。

4. 给孩子提供奉献爱心的机会

许多父母只知道一味地疼爱孩子，却忽略了赋予孩子提供奉献爱心的机会。施爱与接受爱是相互的，如果让孩子只是单向地接受爱，渐渐地，他们就会丧失施爱的能力，变得只知道索取，不知道给予。孩子的性格、习惯、品质、心理对孩子的成长、成才十分重要。父母可以通过让孩子自己照顾宠物或种植植物来表达自己的爱心。孩子从这些行为中可以锻炼最基本的责任心，从而成为善解人意的人。有条件的父母可以在家中喂养一些小鸡、小鸭、小猫、小狗等，让孩子爱惜小生命，进而培养孩子的爱心。幼年时期饲养过小动物的孩子感情细腻、心地善良，也往往较少会在与人交往时表现得粗鲁。所以，只要孩子愿意养小动物和植物，父母应尽可能允许。在家中养一些小狗、小猫、金鱼等小动物，或养一些花草，让孩子亲自负责照顾，这通常可以培养孩子的爱心和责任感。

保护好孩子的爱心也是至关重要的。有时候父母由于工作忙或其他原因，对孩子表现出来的爱心视而不见，或训斥一番，把孩子的爱心扼杀在萌芽之中。比如，一个小女孩为刚下班的妈妈倒了一杯茶，妈妈却急着说去写作业，忽视了孩子的爱心表达。事实上，父母并不知道自己的行为会在不经意间伤害或剥夺孩子的爱心。

总之，爱心教育，是父母给予孩子最珍贵的礼物。让孩子在成长过程中感受到爱、施与爱，懂得关爱他人，才能在未来的生活中拥有更幸福和美满的人生。

积极参与孩子的生活

　　父母积极参与孩子的生活，可以增进亲子之间的情感联系。通过共同参与日常活动、分享生活中的点滴，父母和孩子可以建立深厚的情感纽带。这种情感纽带是建立在日常互动和共同经历基础上的，能够增强孩子的安全感和归属感。孩子感受到父母的关爱和重视，能够更容易信任父母，愿意与父母分享自己的喜怒哀乐。

　　在日常生活中，父母的积极参与对孩子的心理健康有着重要的保护作用。孩子在成长过程中会遇到各种情感困扰和心理压力，如学习压力、人际关系问题、青春期的困惑等。父母的陪伴和支持能够及时发现孩子的情绪变化，给予必要的情感支持和指导，帮助他们渡过难关。这种积极的情感支持有助于预防心理问题的发生，促进孩子的情绪稳定和心理健康。

　　积极参与孩子的生活，特别是在孩子的社交活动中扮演支持和引导的角色，可以显著增强孩子的社会交往能力。父母可以通过组织家庭聚会、鼓励孩子参与社区活动、支持孩子与同龄人交往等方式，帮助孩子建立良好的人际关系网络。通过这些活动，孩子可以学会如何与人相处，如何处理人际冲突，提升社交技能和团队合作精神。

父母积极参与孩子的生活，有助于促进整个家庭的和谐与稳定。家庭成员之间的紧密联系和良好沟通可以减少误解和冲突，增强家庭的凝聚力和向心力。通过共同参与家庭活动，家庭成员之间可以建立更深厚的情感联系，创造更多美好的回忆，提升家庭的幸福感和归属感。

1. 积极参与孩子的日常活动

日常生活是亲子互动的基础，父母通过参与孩子的日常活动，可以建立牢固的亲子关系。首先，父母应关注孩子的作息时间，确保孩子有规律的生活习惯。这包括共同制定和遵守作息表，如固定

的起床和就寝时间、合理的膳食安排以及适当的课外活动和娱乐时间。通过共同制订这些计划，父母不仅能引导孩子养成良好的生活习惯，还能增强他们的时间管理能力。

父母积极参与孩子的日常活动，并不意味着替孩子决定或完成所有事情，而是通过引导和支持，帮助他们学会独立思考和解决问题。父母可以通过日常的互动和家庭活动，逐步赋予孩子更多的自主权和责任感。例如，让孩子参与家庭决策、承担家务劳动、管理自己的学习和时间等。通过这些实践，孩子可以逐渐培养独立性和责任感，增强自信心和自我效能感。

2. 关注孩子的学习和教育

学习是孩子成长的重要组成部分，父母在孩子学习中的积极参与，能够显著提升他们的学业表现和学习兴趣。父母应定期了解孩子的学习情况，与老师保持沟通，及时关注孩子在学校的表现和进步。通过参加家长会、与老师沟通等方式，父母可以获得关于孩子学习情况的第一手信息，并了解孩子在学校的行为和交友情况。

此外，父母应积极参与孩子的课外学习活动，如阅读、科学实验和艺术创作等。通过这些活动，孩子不仅可以拓宽知识面，提升综合素质，还能培养自主学习的能力。父母在这些活动中扮演引导者和支持者的角色，通过与孩子共同探讨问题、分享阅读心得，激发孩子的好奇心和求知欲。

3. 积极参与孩子的娱乐和兴趣爱好

娱乐和兴趣爱好能够丰富孩子的生活体验，培养他们的多方面能力。父母应了解并尊重孩子的兴趣和爱好，给予他们充分的支持和鼓励。例如，如果孩子对音乐感兴趣，父母可以为他们提供学习乐器的机会，陪伴他们参加音乐课程或一起欣赏音乐会。

体育活动是孩子身心发展的重要组成部分，父母可以通过与孩子一起进行体育运动，增强他们的体质和团队合作精神。无论是一起打篮球、踢足球，还是参加家庭跑步比赛，这些活动都能让孩子在运动中体验快乐，培养耐力和毅力。

艺术创作也是孩子发展创造力和表达力的重要途径。父母可以通过与孩子一起绘画、制作手工或写作，激发他们的想象力和创造力。比如，父母可以和孩子一起制作家庭手工艺品，参加社区艺术展览或者共同创作家庭故事书，这些活动不仅能提升孩子的艺术素养，还能在创作过程中增进亲子之间的感情。

4. 建立亲密的亲子关系

亲密的亲子关系是孩子成长过程中情感支持的重要来源。父母应通过日常的关爱和陪伴，与孩子建立深厚的情感纽带。比如，每天花一定时间与孩子共处，无论是一起吃饭、聊天，还是进行亲子游戏，这些都是增进感情的好机会。

父母还可以通过家庭旅行、庆祝节日等方式，创造更多的亲子互动时刻。在这些活动中，孩子不仅可以体验家庭的温暖和快乐，还能在与父母的互动中感受到被爱和被重视。

　　总之，积极参与孩子的生活，是父母与孩子建立健康情感关系的重要途径。父母可以在孩子的成长过程中扮演积极的角色，成为他们最坚强的后盾和最亲密的伙伴。无论孩子将来是否成就非凡，只要他们在成长过程中感受到来自父母的爱和支持，他们就会拥有幸福和充实的人生。

8

聪明处理亲子冲突

父母与孩子之间的冲突是难以避免的。这些冲突可能是观念的碰撞，也可能是期望的落差，它们源于两代人之间的生活经历、价值取向乃至情绪管理方式的差异。然而，正是这些看似棘手的挑战，为父母提供更深入理解孩子的宝贵机会。智慧的父母会利用这些机会跟孩子一起学习，在差异中找到共识，在冲突中得以成长。

亲子冲突的本质

在日常相处中，亲子冲突总是难以避免。无论是幼儿、青少年，还是即将步入成年的孩子，都可能会与父母产生各种形式的冲突。这些冲突表面看是生活中的摩擦和争吵，背后更深层次的原因是情感、需求和期望的碰撞。理解亲子冲突的本质，是帮助父母和孩子建立更深厚、更健康关系的关键。

亲子冲突的起因是多方面的，常见的原因包括沟通不畅以及对事物的认识与选择的不同等。沟通是人际关系的核心。当父母和孩子在表达需求、情感或想法时出现误解或无法有效传达时，冲突就会发生。父母可能因为忙碌而忽略了孩子的感受，而孩子可能会误解父母的意图，认为自己不被重视。父母和孩子对生活、学业和未来的认识可能存在差异。父母通常希望孩子能够按照他们认为正确的道路前行，而伴随年龄的增长，孩子则逐渐会对事物产生与父母不同的看法，希望在生活中拥有更多的选择权和独立性。这也是许多亲子冲突的根源。

代际差异也是引发冲突的重要原因。新一代的成长环境、思维方式与上一代有着显著差异。父母可能很难理解孩子的生活方式和价值观，孩子则觉得父母的观念过时。这种认知差异往往会在生活习惯、社交方式、娱乐选择等方面表现出来，如果双方都缺乏包容和理解，很容易激化矛盾。

此外，家庭教育方式的不当也是导致冲突的重要因素。有些父母过分注重孩子的成绩和表现，忽视了孩子的情感需求和个性发展；有些父母则因溺爱孩子，没有给予其必要的管束和引导。这些不当的教育方式都会影响孩子的心理健康，埋下亲子冲突的隐患。

冲突的背后，往往隐藏着孩子未被满足的需求和未被理解的情感。孩子的成长需要父母的爱、关心和支持，当这些情感需求得不到满足时，他们可能会通过冲突来寻求关注和理解。

每个家庭成员在冲突中的应对方式各不相同，这决定了冲突的结果和影响。有些家庭成员在面对冲突时，选择回避和忽视问题，希望通过冷处理来平息争端。这种方式虽然能暂时避免冲突的激化，但潜在的问题并未得到真正的解决，可能在未来某个时刻爆发。有些家庭成员倾向于通过争论和强硬的态度来争取胜利，他们更关注于赢得争论，而不是实际解决问题。通过妥协来解决冲突，是一种双方都做出让步，找到一个可以接受的解决方案的方式，这种方式可以有效减少冲突，但可能会让双方感到部分需求未得到完全满足。合作型的冲突解决方式，强调的是双方有效的沟通和深入理解，是解决冲突的理想方式。

尽管冲突常常被视为负面的，但它们也有积极的作用。通过正确处理，冲突可以成为家庭成长和自我提升的契机。通过冲突，家庭成员有机会更好地理解彼此的需求和感受，促进更深层次的沟通。冲突可以帮助家庭成员学会如何处理和解决问题，增强他们的冲突管理技能和情感韧性。当冲突得到有效解决时，家庭成员之间的关系会变得更加紧密和牢固，增强家庭的凝聚力和支持感。

理解亲子冲突的本质，是解决冲突和促进亲子关系发展的第一步。通过识别冲突的起因、理解不同类型的冲突、探讨冲突背后的需求和情感，以及分析父母和孩子的冲突风格，父母可以更好地处理和应对这些挑战。尽管冲突可能带来短暂的不适和压力，但通过正确处理，冲突也可以成为家庭成员成长和学习的宝贵机会。通过积极的沟通、开放的态度和有效的解决策略，父母和孩子可以在冲突中找到理解和共识，建立更加深厚和健康的亲子关系。

解决亲子冲突的策略

　　无论是兄弟姐妹之间的争吵，还是父母与孩子之间的分歧，处理这些冲突的方式对家庭和谐及孩子的成长有着深远的影响。掌握有效解决冲突的策略，可以帮助家庭成员在面对问题时保持冷静和理性，找到建设性的解决方案。

　　家庭中的冲突可能源于多种原因。首先，不同的意见和价值观

是冲突的常见起因。家庭成员之间可能在某些问题上持有不同的观点或价值观，这些差异有时会引发冲突。其次，关于家务、责任和义务的分配不均，也可能导致争吵和矛盾。此外，工作、学习或经济压力可能让家庭成员感到紧张，从而引发冲突。最后，缺乏有效的沟通或产生误解，常常是引发冲突的重要原因。

冲突对家庭的影响是双重的。如果处理得当，冲突可以成为增进理解和亲密关系的机会；如果处理不当，则可能导致家庭成员之间的隔阂和紧张。比如，小刚和妹妹在玩耍时经常争吵，原因通常是争夺玩具或选择游戏的方式。他们的父母意识到，孩子们在沟通和合作方面存在问题。为了帮助他们更好地解决冲突，父母开始教导他们如何表达自己的需求，并尊重彼此的意见。他们还设定了一些家庭规则，例如轮流选择游戏和分享玩具。随着时间的推移，小刚和妹妹的争吵减少了，他们学会了如何更好地合作和解决分歧。

在处理冲突时，情绪化的反应往往会加剧矛盾，妨碍问题的解决。父母应学会控制自己的情绪，避免在冲突中失去理智。以下几种有效的方法可以帮助父母处理和解决问题。

1. 保持冷静是处理冲突的关键

当父母与孩子们发生争执时，父母首先要做的是保持冷静。面对孩子们时，情绪化的反应，如大喊大叫或严厉惩罚，都可能会让局势更加紧张。相反，父母应该深吸一口气，平稳自己的情绪，以冷静、理智的态度面对冲突。例如，父亲可以平静地说："既然你不同意我的建议，那么我们来一起找个更合适的方案吧。"这种冷静的态度有助于缓和紧张气氛，为后续的冲突解决奠定基础。

2. 倾听和理解是解决冲突的必要步骤

在发生冲突后，父母需要认真倾听孩子的观点和感受。例如，上初二的小伟吵着要买一台智能手机，妈妈因为担心小伟沉迷手机游戏与短视频，所以拒绝了他。小伟因此非常生气，成天板着脸，不跟妈妈说话。爸爸知道后，问小伟为什么坚持要买手机。小伟说："班上的同学几乎都有手机，周末要联系很方便。再说，同学在一起时，经常讨论各种信息，而我没有手机这个信息来源，所以只能尴尬地靠边站。"爸爸对小伟的感受表示理解，最后决定给他买一个价格合适的手机，并跟他约定手机的使用时间与流量范围。只要小伟遵守了约定，就可以继续使用手机。如果没有遵守，就要在一定时间内没收手机。关于这个"一定时间"，爸爸也没有自己提出来是多久，而是征询小伟的意见。小伟自己说定为"一周"，爸爸表示同意。最后，小伟如愿拥有了手机，也遵守了与爸爸的约定。

3. 沟通时表达的方式至关重要

模糊和笼统的批评或指责往往只会加剧矛盾，而无法真正解决问题。因此，清晰地传达自己的感受和需求尤为重要。例如，在家庭教育中，如果父母对孩子的学习习惯不满，应该避免使用诸如"你习惯太差"这样笼统的指责，而是应该具体地指出问题，并表达自己的期望和感受。比如，"我希望你能在做完作业后再看电视，不然我会感到失望的。"这样的表达方式不仅能让孩子更清楚地理解父母的期望，也有助于引导他们形成良好的行为习惯。

4. 寻找共同点是解决冲突的关键一步

在讨论和协商过程中，寻找双方的共同点可以成为达成一致和妥协的基石，有助于缩小分歧，推动冲突的解决。例如，父母不愿意给孩子买手机，是担心孩子沉迷手机。如果他们能找到一个防沉迷的手段，那么双方就可以从这个共同点出发，制定一个双方能接受的解决方案。

通过保持冷静、倾听和理解、清晰表达、合作解决问题，父母可以有效地处理家庭中的冲突，并在这一过程中增进亲子关系。更为重要的是，这种处理方式能够教会孩子在未来如何有效面对与解决冲突。毕竟，人生路上，难免还会有各种各样躲不开的冲突。

孩子情绪失控时要理性面对

孩子情绪失控，可能表现为哭闹、愤怒、暴力行为或完全的沉默与回避。父母在面对孩子情绪失控时，常常感到困惑和无助。然而，理解和有效应对这些情况，不仅可以帮助孩子学会更好地管理他们的情绪，还可以减少亲子冲突，增强家庭的和谐与稳定。

在处理孩子的情绪失控之前，首先需要了解导致这些情绪爆发的原因。这些原因可能包括：生理因素，如疲倦、饥饿、身体不适或睡眠不足都可能导致孩子情绪失控；心理因素，如孩子在面对压力或感到焦虑、害怕、沮丧时，可能会因内心的困扰而情绪失控；社会因素，如社会互动中的冲突和挫折，特别是与同龄人的矛盾，也可能引发孩子的情绪失控。

小梅在进入青春期后，情绪波动得非常明显。她在与父母讨论学业和未来规划时，常常表现出强烈的情绪反应，如大声争吵或完全回避话题。她的父母逐渐了解到，这些情绪失控是她在成长过程中，面对不同的压力和挑战时的自然反应。

当孩子情绪失控时，父母的回应和支持至关重要。以下是一些可供参考的方法。

1. 保持冷静和耐心

孩子情绪失控时，父母首先需要保持冷静和耐心。这不仅有助于稳定孩子的情绪，也能防止冲突进一步升级。通过平静的语气和行为，父母可以向孩子传递安全感。

豆豆在吃晚餐时，因为不想吃蔬菜而大发脾气，甚至将餐盘摔在地上。她的父亲没有立即责备或惩罚她，而是深呼吸后平静地对

她说:"你看上去很生气,先冷静一下,然后我们再来讨论。"

2. 给予情感支持和安慰

小莉在家中因为作业问题大哭不止。她的母亲坐在她身边,轻轻地拥抱她,并柔声说:"我知道你现在很难受,我们一起想想看能怎么解决这个问题,好吗?"生活中像这样的例子有很多。在情绪失控的时刻,孩子需要情感上的支持和安慰。父母可以通过拥抱、温和的话语和安抚的行为,让孩子感到被理解和支持。

3. 提供冷静的时间和空间

在情绪高涨时,孩子可能需要一些时间和空间冷静下来。父母可以给予他们一些独处的时间,或者提供一个安静的环境,帮助他们恢复平静。例如,小梅在家庭聚会上,因为一个小小的误解而情绪失控,她感到非常愤怒。母亲带她到一个安静的房间,给她一段独处时间冷静下来,待她情绪稳定后,再引导她回到聚会中。

4. 使用简单的情绪调节技巧

教孩子一些简单的情绪调节技巧,如深呼吸、数数或视觉化想象,这些方法可以帮助他们在情绪失控时渐渐平静下来。比如,孩子在比赛前因为紧张而感到情绪失控,父母可让他进行深呼吸:吸气三秒,屏住呼吸三秒,然后慢慢呼气三秒。通过这种简单的技巧,孩子可逐渐恢复平静。

处理孩子的情绪失控是一个复杂的任务，但通过理解情绪失控的原因、在孩子失控时提供支持、进行有效的沟通和反思，以及在家庭中建立健康的情绪管理文化这些方式，父母可以帮助孩子更好地应对和管理他们的情绪。通过持续的努力和关注，家庭成员可以在面对情绪挑战时，找到平衡和支持，增强彼此的理解和合作，促进孩子的健康成长，保障家庭的和谐幸福。

设定家庭规则和界限

在任何关系中，边界都是健康和谐互动的基础。尤其在亲子关系中，清晰的边界可以帮助孩子和父母更好地理解彼此的期望和需求，减少冲突和误解。通过建立和维护适当的边界，家庭成员可以在相互尊重的基础上，建立稳定和支持性的关系。

边界，是指在关系中，个体之间划定的行为、责任和互动的界限。在亲子关系中，边界的作用尤为重要。

首先，边界的设立可以给予孩子安全感和结构化的指导。明确的边界能为孩子提供清晰的行为指导和期望，还能确保他们在安全和可控的环境中成长。父母通过边界设定，可以明确家庭生活中的规则和规范，为孩子提供稳定的成长环境。

其次，边界可以促进孩子的独立性，培养孩子的责任感。通过设定适当的边界，孩子可以逐渐学会自主决策和承担责任。父母通过给予孩子一定的自由和选择权，鼓励他们在规定的范围内发展独立性。

再者，边界可以减少冲突和误解。清晰的边界能够帮助家庭成员明确彼此的期望和行为规范，减少因模糊的规则界限而引发的冲突和误解。

建立有效的家庭边界需要父母和孩子共同参与和协商。具体来说，可以参考以下一些方法：

1. 明确家庭规则和期望

通过讨论和协商，与孩子一起制定家庭规则和期望。这些规则应涵盖家庭生活的各个方面，如作息时间、家务分工、学习和娱乐等。确保规则的具体性和可执行性，能够帮助家庭成员更清晰地理

解并遵守这些规则，从而促进家庭的和谐与秩序。

2. 尊重个人空间和隐私

教导孩子尊重他人的个人空间和隐私，同时也要保护自己的空间和隐私。父母应为孩子提供独立的空间和时间，鼓励他们在个人空间中自由探索和发展。

3. 设定适应不同年龄阶段的规则边界

伴随孩子的成长，家庭边界需要根据他们的年龄和发展阶段进行调整。父母应灵活地调整规则和期望，适应孩子的成长需求和能力。

小杰在小学时，父母严格地控制他的学习和作息，但随着他进入中学，父母逐渐放松了这些控制，给予他更多的自主权和选择空间。他们允许小杰自己安排学习时间，并在一些重要的决策上给予他更多的参与权。这种灵活调整，让小杰在逐步成长的过程中，感受到了自主权和责任感的增加。

4. 保持一致性和公平性

家庭规则的设定和执行应保持一致性和公平性。父母在制定和执行规定时，应避免双重标准和偏袒，确保所有家庭成员在相同的规则下生活。

比如，家庭成员可以协调制定一个明确的规则：晚餐后每个人都需要参与清理厨房。不论是大人还是孩子，所有家庭成员都需要遵守这一规则。这种一致性和公平性，减少了因规则不一致而产生的抱怨和冲突，增强了家庭的合作精神。

5. 定期评估和调整边界

家庭应定期评估现有的边界和规则，考虑是否需要进行调整。通过家庭会议或讨论，父母和孩子可以一起回顾现有的安排，并根据实际需要进行适当修改。

例如，可每月举行一次家庭会议，讨论家庭规则的执行情况和是否需要调整。大家一起评估哪些规则有效，哪些需要修改或增减。这种定期的评估和调整，不仅有助于保持规则的有效性和适应性，也增强了家庭成员的参与感和责任感。

建立和维护边界是家庭关系中不可或缺的一部分。父母可以通过设定清晰的家庭规则和期望、尊重个人空间和隐私、灵活调整边界以适应孩子的成长需求、保持一致性和公平性，以及定期评估和调整边界，为孩子营造一个稳定且充满支持的家庭环境，从而促进他们的健康成长。

父母错了要勇于认错

世界上最难说出口的话，不是"我爱你"，而是"对不起"。尤其当父母在孩子面前说错了话或做错了事时，是否有勇气向孩子认错，成了考验家长的一道难题。

魏兰德出生在德国古城福希海姆的一个银匠世家，他家的首饰

以精巧考究而闻名全国，历代帝王和皇亲国戚每逢庆典，都指定要他家制作首饰、器皿和勋章。魏兰德的母亲出身于书香门第，希望儿子成为饱学之士，便带年幼的魏兰德到外祖父家居住。在外祖父的培养下，魏兰德在数学和物理学方面打下了坚实的基础。

几年后，魏兰德被父亲接回家。他请求父亲让他继续读书，但墨守成规、谨记祖训的父亲却生气地说："读书有什么用？我们这种家庭的孩子学点手艺才是正经事！"不久后，父亲因结算不清一个月的首饰买卖账目而怒不可遏。魏兰德仅用一个小时就把杂乱无章的账目整理得一清二楚。当魏兰德把结算好的账本呈给父亲时，父亲感动得热泪盈眶。经过整整一晚的思考，父亲意识到自己不让孩子读书是个错误。第二天一早，他毅然敲开魏兰德的房门，郑重道歉，并激动地说："你是对的，我支持你的请求，你好好读书吧！"

在父亲的鼎力支持下，魏兰德刻苦读书，22岁时便获得了慕尼黑大学的哲学博士学位，后来因杰出贡献获得了诺贝尔化学奖。

每个家长都会教育孩子做错事后一定要改正并道歉，但当自己做错了事时，却很少或从不道歉，尤其是不愿向孩子道歉。殊不知，父母学会向孩子道歉，是家庭教育中的明智之举。当孩子"闯祸"后，一些父母因一时情绪冲动，往往会对孩子进行不恰当的批评或惩罚。事后，父母常常会后悔。这时，倘若父母能勇于真诚地向孩子道歉，用自己的行动补救自己的"过失"，便可以更好地和孩子沟通，让孩子从中受益。

相反，如果父母不在乎孩子的感受，错怪了孩子仍然理直气壮、拒不道歉，则可能会伤害孩子的心灵。

大壮的妈妈发现钱包少了100元钱，就一口咬定是大壮拿的。大壮说没拿，妈妈却不信，先与孩子说："需要钱时可以向我要，但不能自己拿！"后来妈妈越说越生气，话语也变成了警告："不经允许拿妈妈的钱，也算是偷！"

大壮不服气，母子俩就吵了起来。这时，爸爸回来了，忙解释说："钱是我拿的，还没来得及告诉你呢。"妈妈这才停止了对儿子的逼问，但又补上一句："大壮，你可要记住，花钱要管妈妈要，可不能偷偷地自己拿啊。妈妈的钱可是有数的！"大壮觉得受了侮辱，气得眼泪哗哗地流。

"金无足赤，人无完人。"父母说错了话，办错了事，甚至冤枉了孩子，都是难免的，关键是问题发生后父母怎样处理。父母和孩子相处，应该是民主平等的，不能摆家长架子。错怪了孩子，就主动道歉，而且要态度诚恳，不敷衍，不推卸责任。有些父母认为这样做会有失尊严，其实不然。孩子是明理的，父母向孩子认错，会给孩子树立有错必改的榜样，会使孩子由衷地敬佩父母的见识和修养，从而更加信任父母，使一家人和睦团结，为孩子创造健康成长的良好环境。这样，父母的威信不但不会降低，反而会更高。

　　同时，在家庭教育中，父母如果从不向孩子承认自己的错误、过失，孩子就会产生"父母认为自己永远正确而实际上老是出错"的观念，久而久之，对父母正确的教诲，孩子也会置之脑后。而如果在做错事之后，父母能郑重地向孩子认错、道歉，孩子就会懂得承认错误并不是一件可耻的事，进而提高分辨是非的能力，还可以

养成宽容大度的好品质。

那么，父母应如何向孩子认错呢？在向孩子认错时，父母又应注意些什么呢？

首先，父母要改变观念，放下思想负担，正视自身的错误。"每个人都有犯错误的权利"，同时，每个人还有改正错误的义务。不可能因为"为人父母"了就不犯错误，也不可能因为孩子的爱戴而使错误消失。既然任何人犯错误都是难免的，那么犯了错误也就不必过分羞愧，而应将精力放在改正错误上，"知错能改，善莫大焉"。因此，向孩子认错并不丢"面子"。

其次，父母道歉的态度很重要，不能太过生硬或轻描淡写。如果父母道歉时态度不佳，反而可能会加深误解，因为孩子是十分敏感的，很容易就能意识到父母是否在敷衍。因此，父母应用真诚的态度来道歉，不要碍于面子或身份而不愿意对自己的孩子道歉或只是略微地说一下。

最后，父母应多与孩子交流沟通。通过交流，让孩子知道父母也是会犯错误的，父母并非故意要伤害孩子的感情，当看到孩子的感情受伤，父母也会很内疚。孩子只要感受到父母的悔过之情，自然就会理智地对待犯错误的父母。

总之，凡是要求孩子做到的，父母自己也应该带头去做、认真做好。当父母违背了自己的诺言时，要敢于向孩子承认错误、做检讨。如此孩子才会感到父母的教育真实可信，而不是居高临下的空洞说教。这样，孩子就会自愿自觉地遵守父母的要求，并在自己犯错后也勇于承认。父母勇于向孩子认错，这是一种无言的人格力量，对孩子的一生都会有着深刻的影响。